Arthur Rimbaud
Das trunkene Schiff

Gedichte
Frühe Prosa
Album Zutique

Aus dem Französischen übersetzt
und begleitet von
Hans Therre und Rainer G. Schmidt

Matthes & Seitz Verlag
München

Dietlindenstraße 14, 8000 München 40. Satz Fertigsatz GmbH., München.
Druck und Bindung Kösel, Kempten.
Printed in Germany. ISBN 3-88221-311-6.

Inhaltsübersicht

Editionsnotiz

»je reservais la traduction.«
(Rimbaud)

NIE ist die Übersetzung mit dem Original IDENTISCH. Jedes Übersetzen ist ein Weiterschreiben, ein Transformieren, bildet einen eigenen Text herauf.
Und NIE war es unser Ziel, Rimbaud als KLASSIKER zu exhumieren. Wir verwalten kein Erbe und folglich haben wir auch keine Sakrilege zu begehen. Wir sprechen in unsrer Sprache und arbeiten in unsrer Weise IN der Sprache.
Und wir glauben, daß wir der Materialität des Rimbaudschen Textes darin näherkommen als das ein betulich hermeneutisches Mühen vermag.
Dieses Wagnis eingehen heißt aber auch: sich den Angriffen der Kulturverwalter auszusetzen. Denn wir wissen: einige unserer Versuche werden wieder über=flüssig werden — der Text bleibt im Fluß, und wir bleiben im Fluß des Textes (oder triften ab).
Ist es nicht etwas DÜRFTIG, etwa am Punkt der HERVORHEBUNGEN, die im Band 1 stellenweise vielleicht etwas massiv geraten sind, dieses ganze Unterfangen herunterzuputzen? „Die Metaphysik der artikulierten Sprache verwirklichen, heißt, daß man die Sprache dasjenige ausdrücken läßt, was sie für gewöhnlich nicht zum Ausdruck bringt: heißt, sich ihrer auf neue, ungewohnte, außerordentliche Weise bedienen, heißt, ihr die eigenen Möglichkeiten körperlicher Erregung zurückgeben, heißt, sie aktiv zu zerlegen und im Raum zu verteilen, heißt, die Intonationen auf eine unbedingt konkrete Art und Weise aufzufassen und ihnen ihre Fähigkeit wiederzugeben, etwas wirklich zu zerreißen und kundzutun, heißt, sich gegen die Sprache und ihre gemeinen utilitaristischen, man könnte sagen der Ernährung dienenden Quellen wenden, gegen diese ihre Ursprünge eines gehetzten Tiers, heißt mit einem Wort, die Sprache als *Beschwörung* sehen.“ (Artaud)
Das Original streifen, durch=streifen; sein Drehmoment, seine Stimme in der anderen Sprache, der unseren, zur Resonanz bringen.
Das ist der Versuch.

II. Partie dieses unmöglichen Unterfangens: Rimbauds sämtliche Gedichte, Prosa aus der Schülerzeit, »Ein Herz unter einer Soutane«, Entwürfe zu »Eine Zeit in der Hölle« und, bisher nur zum Teil eingedeutscht, :»Album Zutique«.
Wir haben uns bei den Gedichten nicht eingelassen auf das konventionelle Häkelmuster des Endreims und mehr auf die freie Drift des Textes gesetzt, eine Konsequenz, die bei Rimbaud selbst angelegt ist in der schrittweisen Auflösung traditioneller Formen — die waren Zugeständnisse an die herrschende Literaturmaschine — bis hin zu den freiflottierenden Rhythmen der späten Gedichte und der »Illuminations«. Unsre Arbeit war einmal: die Gedichte in sich dichter, konjunktionsreicher zu machen, z. B. Kristallisationskerne zu finden, durch eine hauchdünne Differenz geschiedene Zwillings=Worte (spüren/spülen), an denen der Text sich entzünden kann.
Zum anderen: die Textgestalt — in Spannung dazu — zu modellieren, den ästhetischen Möglichkeiten unsrer Epoche entsprechend. »rimbaud (und vorher, wenn auch nicht so betont, mancher andere) hatte die allmähliche erschöpfung der im 19. jahrhundert auf den heutigen stand eingeengten ‚normalen' empfindung gefühlt.« (Oswald Wiener)
Wir sehen diese Arbeit nicht als abgeschlossen, abschließbar an und könnten uns vorstellen, daß aus kontroversen Regungen ein »Rimbaud=Diskussionsband« hervorgehn könnte.

Berlin, Herbst 1979

Gedichte

à dix heures le 10 Novembre 1891
le poète Jean Arthur Rimbaud
rencontra la FIN di son
adventure Terrestre
A. † R.

devotions. to Arthur Rimbaud. he was young. he was so damn young. he was so god dammed. Drunk with the Blood of Baby dolls. mad laughter. power. running neck and neck with his vision was his demon. sooner stick his dick up the baby dolls ass. shove pins in the heads of innocents. Bad seed with a golden spleen. Ha Ha. he has the last laugh. Blonde Hairs raveling in your vital breath. white hydrogen. Rimbaud. savior of the forgotten scientists: the alchemists. alchemy. of the. the word. the power of the word. Love Rays. bullets on the alter. obscene ceremonies. leave no proof clues. gold. behind. Rimbaud blessé Rimbaud wounded Rimbaud: angel with sleeves of blue hair. [NO] light without shadow. Rimbaud was a Rolling Stone are all prophets persecuted? He was so damn young.

no. 95
x patti smith

Spürung

Durch die blauen AbEND=Sommer
die Spuren der Pfade gehn
geSTIchelt vom Korn
stiefeln auf zartem Gras
will ich
Träum=end an den Füßen dessen FRISCHE spüren
und lässig den Schopf
im Wind spülen

Werd keine Worte machen
keine Sachen denken
Aber grenzenlose Liebe
wird mein Herz beschenken
Und weit, ganz weit will ich ziehn, zigeunern
durch die Natur
selig wie mit einer Frau...

März 1870

Sonne & Fleisch

die sonne, zärtlicher fokus des lebens,
kippt brennende liebe auf die hingerissene erde.
wenn du überm tal dich ausstreckst, spürst du,
daß die erde heiß & überströmt von blut,
daß ihre riesenbrust, von einer seele gehoben,
göttliche liebe & fleisch einer frau ist,
daß sie, dick vor saft & lichteinfällen,
das embryonen=meer umschließt!

und alles wächst, und alles steigt!
— o venus, o göttin!
ich sehne mich
nach den zeiten antiker frische
nach geilen satyrn & tierischen faunen,
nach göttern, die —
vor liebe rasend —
in die baumrinden bissen & die,
von see=rosen kaschiert,
blonde nymphchen fickten!
ich sehne mich
nach den zeiten, als der welten saft &
der flüsse wässer &
das rosenblut der grünen bäume
in den blutbahnen PANS kosmisch kreisten!
als die erde, grün,
unter seinem geißfußschritt zuckte,
als sacht die helle flöte küssend seine lippen
der natur die liebesHymne bliesen...
als in allen weiten des landes
lebendige naturen
seinem lied ECHO waren...
als die stummen bäume den
singvogel bargen & die erde
den menschen ...
& das blaue meer & alle tiere hatten
die liebe die göttliche liebe!

ich sehne mich
nach den zeiten der großen zybele
von der man sagt, sie habe
— übermenschlich schön! —
in einem großen erz=wagen
die glänzendsten städte er=fahren...
ihre doppel=brust warf lichtgeriesel
unendlichen lebens
in die räume des unermeßlichen...
und Der mensch, satt, nuckelte
an ihrer segensreichen brustwarze
wie ein baby, das auf ihren
knien spielt.
— weil er STARK war, war Der mann sanft & rein.
elend! heute sagt er: ich weiß be=scheid!
und er läuft durch die gegend,
augen verrammelt & ohren verstopft.
und doch: GENUG der götter, genug!
Der mensch ist könig, der mensch ist gott!
aber die LIEBE: das große ver=sprechen!
ach! besser, der mensch zehrte
noch immer an deiner brustwarze,
königs=mutter aller götter & menschen:
ZYBELE!
besser, er hätte die unsterbliche
ASTARTE
nie verlassen, die vorzeiten
aus der
unendlichen klarheit der blauen fluten stieg
blume des fleisches
von der welle beduftet
und ihren rosen=nabel zeigte
wo der gischt=schnee fällt
und diese göttin mit den großen schwarzen
KRIEGER=augen brachte im baum
die nachtigall & in den herzen
die liebe zum singen!

II

auf DICH setze ich, göttliche mutter,
meerschaum-aphrodite!
ACH!
die wege sind gnadenlos, seit der ANDRE gott
uns an sein kreuz geschirrt hat...
fleisch marmor blume liebe — das ist meine wahrheit!
— sicher, der mensch ist mickrig & häßlich,
mickrig unterm weiten himmel:
kleider trägt er jetzt
weil er seine unschuld verKAUfte
weil er sein göttliches bild besudelte &
weil er, wie ein fetisch im feuer, seinen kosmischen
körper im dreckigsten sklavenjoch
gekrümmt hat!
ja, schon ZOMBIE,
bleiches knochengerippe,
greint er noch nach unsterblichkeit:
auf die erste schönheit pißt er bloß!
— Und dieser FEtisch, dem du soviel Unschuld verliehen,
der unsern lehm vergöttern sollte,
die FRAU —
damit der MANN seine arme Seele belichten könnte,
um langsam steigend
in unendlicher liebe seinen
irdischen kä/fig zu verlassen &
zur Schönheit=des=Tages
vorzustoßen —
die Frau verstehts nicht mal mehr
HURE zu sein!
— kÖSTliche farce: die welt piept &
verhöhnt die göttliche süße der LIEBE!

III

ach, kehrten sie wieder
die langverflossenen zeiten!
— denn Der mensch ist am ende! Der mensch
hat alle rollen ausgespielt!
eines Großen tags,
seine Götzen zerstört,
erschöpft,
wird er sich er/neuern & frei sein
von all seinen göttern . . .
& da er selbst eine welt ist
wird er Kosmisches ent=decken!
der AB/GOTT,
unendlich/unbezwingbarer gedanke
das Göttliche,
unter seinem fleischlichen ton
steigt & steigt
flammt auf unter seiner stirn!
und wenn du siehst, wie ER
alle horizonte erforscht und all die
alten zwänge verschmäht
und frei ist von aller furcht —
wirst du ihm heilige er/lösung geben!
— glänzend schillernd wirst du aus dem
schoß der großen meere tauchen &
über die weite des universums
mit unendlichem lachen
unendliche liebe breiten!
die welt wird vibrieren wie
ein einziger musik=körper
im fieber einer kosmischen
liebkosung!
— die welt dürstet nach liebe:
DU stillst sie gewiß!
. . . .

O! Der mensch hat seinen kopf
stolz zur freiheit hochgereckt!
und der göttliche Blitz der
ersten schönheit
entflammt den gott
im tabernakel des fleischs!
froh über vergegenwärtigte fülle
fahl noch vom erlittenen unheil
will Der mensch alles sondieren — und ein:sehen!
das denken, endlos lang
gezügelte wildstute, bricht
los von seiner stirn!
& Es weiß weshalb! ...
frei wird Es fließen & Der mensch wird
seine wahrheit anerkennen!
— wes/halb dieser schweigende himmel &
uner/gründliche raum?
wes/halb das sternengewimmel,
goldne staubkörner des alls?
was erblickt man wenn man
endlos steigt & steigt?
führt ein hirte diese sternherde
durch die schrecken aller räume?
& all diese welten, von unendlichkeit umarmt,
vibrieren sie im rhythmus einer ewigen stimme?
— & Der mensch? wird er SEHEN können?
wird er sagen können: das ist meine wahrheit?
ist die stimme des denkens mehr
als ein bloßer traum?
schnell blüht auf Der mensch
& verwelkt noch schneller:
was passiert mit ihm?
sinkt er auf den grund eines ozeans aus
sperma foetus & embryo,
in den ab/grund eines ungeheuren tiegels
in dem eine Mutter/Natur ihn neu zusammen
setzt zum lebendigen geschöpf,
um als rose zu lieben
und als kornfeld zu blühen?...
WISSEN läßt Es sich nicht! —

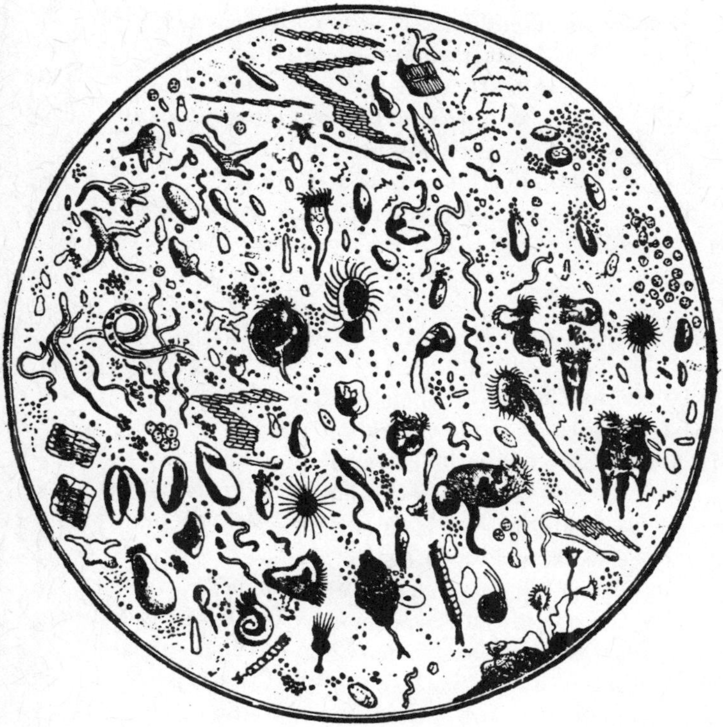

Wir sind verkauert in einem mantel
aus verleugnung & engen Schimären!
Menschen/Affen
aus der vulva der mütter gefallen
unsere fahle vernunft ver/deckt
uns die unendlichkeit!
wir wollen schauen: — doch der ZWEIfel pEINigt uns!
der zweifel, trüber vogel,
schlägt uns mit seinem fittICH...
— und der horizont entflieht in fortwährender flucht!...
....

weite himmel tun sich auf!
TOT die MYSTerien für den auf=ständischen menschen
der im unendlichkeits=glanz der reichen natur
seine kraftarme kreisen läßt!
er singt... & der wald singt
& die flüsse flüstern ein entzücktes lied,
das steigt in den tag!...
& Alles ist EINS in der LIEBE!...

IV

O Glanz des fleischs!
O Glanz=Ideal!
O Neue Liebe, triumphale morgenröte:
zu diesen füßen knicksen götter & helden
& Kallipige, Schön=Ärschige, Weiße
& der niedliche Eros
entströmen ihr,
rosen=schnee=bedeckt, frauen & blumen,
unter ihren schönen schenkeln, die sich spreizen!
O Ariadne, Groß=Artige,
deine seufzer wehen über die ufer
und siehst du deinen geliebten, theseus,
dessen segel weit fort mit den
fluten entflieht, weiß
im licht der sonne!
O jungfrau, sanftes kind,
das eine nacht zer/sprungen hat
schweig still!
von den phrygischen feldern her
mit seinem goldkarren
den schwarze trauben zieren
den lüsterne tiger & amarantene panther ziehen,
nähert sich Bacchus & färbt entlang der blauen
flüsse die schummrigen moose rot.
Zeus, stier, auf seinem nacken wiegt wie ein kind
sich der nackte leib der europa;

ihren blanken arm wirft sie um den nervösen
hals des gottes, der schauert
in den kalten wogen: langsam dreht er
seinen vagen blick nach ihr:
& sie hat die blasse blütenbacke
an seine stirn geschmiegt, augen geschlossen:
sie vergeht in einem göttlichen kuß
& die wellen mit ihrem goldshampoo
beblühen ihre haarflut...
— zwischen lorbeer=rosen & lotus=schwätzern
kurvt verknallt der große traumsch=wan:
umarmt Leda mit den weißen seines flügels...
— und DA tänzelt schon Zypris vorbei
fremd/artig schön
und wie sie die glänzenden runds
ihrer hüften schwingt
und stolz ihre GOLDbrüste zeigt
und ihren schneeleib
der mit schwarzem moos bestickt ist...
— und herkules, der dompteur, seinen mächtigen
leib hat er in eine löwenhaut geschlagen
— die ist sein ruhmes=zeichen! —
er schreitet vorwärts, stark, zum horizont
mit furcht/bar sanfter stirn...

im vagen licht
des
sommermonds aufrecht

nackt
träumend in goldner fahlheit die die
schwere
flut ihres langen blauen haares sprenkelt
in der
schummrigen lichtung wo das moos sich
besternt
schaut die Dryade zum schweigenden himmel...
— die weiße selene
läßt furcht/sam
ihre schleier auf die füße des schönen

EndYmion
fließen und in einem fahlen
lichtstrahl schickt sie
ihm einen kuß...
— in der ferne weint
die Quelle in schierer ekstase...
es ist die NYMPHE die träumt
ELLbogen auf ihrer vase
von einem schönen weißen jüngling
den ihre FLUT gestreichelt hat.
— eine liebesbrise passiert die nacht
und in den heiligen
hainen im
horror der riesigen bäume ragen
majestätisch
die düsteren marmorsäulen auf...
die götter
in deren stirn ein dOMpfaff nistet
die götter
sie lauschen dem menschen
und der unendlichen welt!

Mai 1870

Der Waisen Neujahrs=Präsente

I

Die Kammer ist voll Dunkel; vag hört man zweier Kinder
traurig süßes Gemunkel — — —
Ihr Kopf hängt herunter, noch traum=belastet
unterm langen weißen Vorhang, der wackelt, sich bauscht...
———DRAUSS die Vögel glucken frierend zusammen, die
Flügel steifgeworden unter graugriesligen Himmeln;
Und das NEUE JAHR, in eisigem Geschwader, nach-
schleifend die faltige Schleppe aus Schnee,
lächelt unter Tränen, singt zähneklappernd...

II

Diese Kleinen unter WEHendem Vorhang
flüstern als wärs Geisterstunde......
....Sie hören angestrengt wie ein Fernes Murmeln.........
ZUK=
KEN dann wieder unterm hellen Gold=Schlag der
Früh=Glocke, die dingt und dongt ihr metallisches
Einerlei unter der Glas=Kuppe ....
DANN: Die Kammer ist eis=kalt..................man
sieht Trauerkleider desolat über den Boden
fahren, zwischen den Betten:
Die schroffe Winterbrise quengelt auf der Schwelle
bläst in die Behausung mit fieser Puste!
Man spürt
an all dem,
daß irgendetwas
MANGELT ....
....
.... Ist denn
diesen Kleinen GAR
keine Mutter mehr,

eine Mutter mit frisch=backnem Lachen,
triumphierender Miene?
Sie hat wohl am Abend,
allein und erschöpft, nach dem Entschlacken
vergessen,
die Flamme neu zu entfachen
die Ihren einzudecken mit Wolle und Daunen
und überließ sie ihrem heulenden Elend: VERZEIHUNG!
Sie hat wohl die Morgenkälte nicht beDACHT,
der Eis=Brise nicht den Durch=Schlupf versperrt?..............................
....

Der Mütter Traum:
Das ist der brühwarme Überzug,
das kuschlige Nest, wo die Kleinen eingehämelt
wie schöne Vögel, die der Baum wiegt,
schlummern
in süßem Schlaf voll weißer Visionen............
....
....
——— Und DAS hier! ——— das ist ein
gerupftes Nest, ohne Wärme
da frierts die Kleinen, sie schlafen nicht, fürchten sich.
Ein Nest von bittrem Eis=Wind heimgesucht............
....

III

Euer Herz hats erFASST: ——— diese Kleinen sind
ohne Mutter
KEINE Mutter in der Wohnung! ——— und der
Vater ist weit weg!....
....
.................................eine alte Magd
schaut dann und wann
nach ihnen.
Die Kleinen sind ganz allein im eiskalten Haus,
verWAIST, 4 Jahre ....und es dämmert in

ihrem Sinn Stück für Stück, als ob Rosenkranz-
perlen durch die Finger glitten

mer
mer e
mer e
mer e
mer e
mer e
mer e
mer e
mer e
mer e
mère
mère
mère
mère
mère
mère
a mère
a mère
a mère
a mère
a mère
a mère
a mère
a mère
amère
amère
amère
amère → amerícа

eine Erinnerung auflacht:
Aaaaaaaaaaaaaaaa!
daaaaas war ein Morgen, der Morgen der
Neujahrs=Präsente!
Jeder hatte schon in der Nacht die seinen geträumt ——
...... in ganz sonderbarem Traum, wo man
Spielzeug sah
Bonbons im Gold=Kleid, glitzernde Klein=Ode
die trudelten umher
kreisten und reigten sonor
stahlen sich hinter die Gardinen
und kamen wieder hervor!
Man er=wachte des Morgens, erhob sich — eitel Freude —
rieb sich die Augen, das Mäulchen wässrig.....
Man hechtete los, Strubbelkopf
mit Glanz in den Augen wie bei großen
Fest=Tagen............
HIN! Die Tür zu den Eltern ganz
leicht
angetippt..............
und hi=nein! .... Da purzelten
die Glückwünsche.....
da überschlugen sich die Küsse und Späße
im Hemd, soweit erlaubt!

IV

Ah! Das ging unter die Haut, diese immer wieder=kehrenden
Worte!
————————Doch wie verWANDelt: die
Wohnung von früher:
DA prasselte ein Feuer hell im Kamin und die gute Stube
war ganz am Strahlen.
Und vom großen Herd hüpfte hochroter Funkenschein
verzückt auf der Politur der Möbel.............
....
————————————————Der SCHRANK
war ohne Schlüssel!......Ohne Schlüssel, der große
Schrank!

Man
begaffte oft genug seine braun=schwarze Tür............
....ohne
Schlüssel...
SONDERBAR! ....
Erträumte so oft die Mysterien, die in seinen Holz=
Flanken ruhn und man
glaubte am Grund des gähnenden Schlüssel=Lochs
fernes
Lärmen
zu vernehmen....................ein Gemurmel,
schwach und freudig....
....
....
..........................Die KAMMER der Eltern
ist heut ganz L E E R
kein
hochroter Schimmer mehr unter der Tür
keine Eltern, Herd, verschlossnen Schlüssel
mehr:
Entfleucht: die Küsse, die süßen Überraschungen!
Oooooo! Was wird das ein trister Neujahrs=Tag für beide!
— — — — — — — Und ganz gedanken=verloren, während
sich aus ihren blauen Kuller=Augen
heimlich
eine Träne
stiehlt
murmeln sie:
»Wann kommt unsre Mutter WOHL
wieder ?«
....
....
....

V

JETZT liegen die Kleinen in traurigem Schlummer:
Ihr würdet bei ihrem Anblick denken,
sie weinten im Schlaf,
so verquollen ihre Augen,
so gepeinigt ihr Atmen!
Diese Kleinen haben ein so sensibles Wesen!
——————Doch der Engel der Wiegen streift
ihre Lider und senkt in
diesen schweren Schlaf einen Traum
einen so aufgeräumten Traum, daß ihre Lippe,
halb-offen lächelt, etwas zu
murmeln scheint........
....
————————————————————————Sie
träumen sich, auf ihre runden Ärmchen gelehnt,
ihre Stirn ruckt vor
vage Geste des Erwachens
ihr verschwommener Blick ertastet den
Umkreis..........
.... Sie
glauben sich in einem rosigen Paradies entschlummert
......
Im funkenprallen Herd singt ein muntres Feuer...........
Durchs Fenster blickt ein schöner blauer Himmel.........
Die Natur erwacht, beschwipst vom Licht..............
Die Erde, kahl halb, selig wieder zu leben erschauert
bei den Küssen der Sonne vor Wonne.............
Und in der alten Wohnung ist es brühwarm und hochrot...
Die düstren Kleider schlampen nicht mehr über die
Erde,
die kalte Brise unter der Tür hält die Klappe...
Als wär eine Fee hier durchmarschiert!.....
———————Die Kinder, ganz aus dem Häuschen,
KRISCHEN los... DA!
Beim Bett der Mutter, in schönem Rosen=Schein.....
DA!

auf dem großen Teppich
BLINKT

doch etwas ....
..............................Silbrige Medaillons sinds
schwarz und blank
PerlMUTTund Gagat, heftig schillernd,
schwarze Rähmchen, gläserne Kronen
Worin in Gold drei Worte graviert:
»FÜR UNSERE MUTTER!«

Ophelia

I

In der Stille schwarzer Flut,
Im Sternenschlaf
        treibt bleich Ophelia, liliengleich
        treibt traumhaft langsam
in lange Schleier eingeschlagen ...

Fern aus Wäldern die Halalis der Jagd.

Über 1000 Jahre treibt Ophelia, traurig,
        bleich wie ein Fantom
        auf dem endlos schwarzen Strom.
Über 1000 Jahre wispert leis ihr sanft verwirrter Sinn
        ihr romantisches Lied dem Abendwind.

Wind küßt ihre Brüste und bauscht
        zur Blütenkrone ihre weiten Schleier,
        die vom Wasser sacht gewiegt.
Zitternde Weiden beweinen ihre Schulter,
        Schilf streichelt ihre Traum=Stirn.

Verknüllte Wasser=Rosen seufzen...
Manchmal stört sie in einer schlafenden Erle
        ein Nest, aus dem ein Flügelzittern bricht.
Ein geheimnisvoller SingSang
        sinkt aus goldenen Sternen...

II

Ophelia, bleich und schön
wie der Schnee
ja, bist gestorben, Kind,
an einem aufgebrachten Strom
Weil
die Fallwinde von Norwegens Bergen
von rauher Freiheit dir geraunt...
Weil
ein Gesäusel dir dein langes Haar verdrehte
und deinem verträumten Sinn
seltsames Treiben soufflierte...
Im Stöhnen der Bäume
Im Seufzen der Nacht
vernahm dein Herz das natürliche Lied.
Weil
die Stimme tollwütiger Meere,
maßloses Geröchel,
deine kindliche Brust
— allzu menschlich, allzu zart —
zerspringen ließ...
Weil
eines April=Morgens ein schöner, bleicher
Kavalier stumm zu deinen Füßen saß:
armselig und blöd...
Alle Himmel! Liebe! Freisein!
Was für ein Traum, O arme Irre!
In ihm vergingst du wie Schneeflocken im Feuer:
Dein Erschautes — Es brachte dich zum schwei=gen.
Und die Schrecken der Unendlichkeit
verduzten deinen blauen Blick!

III

Nur Dichter sagen, daß in der Nacht,
im Sternen=Licht=Konzert,
du nach den Blumen gehst,
die du einst gepflückt...
und daß sie auf dem Wasser,
in lange Schleier eingeschlagen,
Ophelia treiben sahen bleich und liliengleich...

Ball der Gehenkten

An schwarzem Galgen, herzlichem Hak=Arm
hÜpfen, hÜpfen die Paladine,
des Satans magre Paladine,
Skelette der Saladine.

MAESTRO Baalsebub zieht die Krawatte seiner kleinen
schwarzen Schlingel, Faxer übern Himmel,
und klappst ihre Stirn mit klobigem Ab=Satz, daß
sie tanzen, tanzen zum Ton alter WEIhnacht!

Und die schockierten Schlingel verhaspeln ihre hagren Arme:
Wie schwarze Orgeln starren die Sparren ihrer Brust —
Wo weiland feine Fräuleins sich dran schmissen,
fleißig bebammeln sie sich nun in abstoßender Liebe.

HurRAH! Den steilen Tänzern hats den Wanst verschlagen!
Schlagt Kapriolen, das Trapez ist groß genug!
HOPP! Bis man nicht mehr weiß: ists Fighten oder Tanz!
Baalsebub rast und rackert auf den Violinen!

Ihr harten Hacken, überflüssig sind da Sandalen!
Fast alle haben das Hauthemd quittiert:
Der Rest geniert doch nicht, kein Grund zu Skandalen.
Den Schädeln verpaßt der Schnee weiße Kappen:

Der Rabe macht Panasch auf diesen rissigen Hirnen,
ein Fetzen Fleisch zappelt an ihrem magren Kinn.
Als wenn in dustrem Turnier=Gemenge
Recken jäh auf Harnische von Pappe prallten.

HurRAH! Nord=Wind bringt Pfiff in den Ball der Skelette!
Wie eine Eisen=Orgel brüllt das schwarze Gerüst!
Wölfe schlagen an: Resonanz violetter Wälder:
Am Horizont der Himmel ist höllisch rot...

HOLLA! Rüttelt mir diese modrigen Groß=Mäuler, die
klammheimlich mit groben Trümmer=Pfoten
Liebes=Rosenkränze durchziehn über blanke Wirbel:
Das hier ist kein KLOster, die Herren ABGE-
KRATZTE!
O SCHAU! Mitten aus dem makabren Tanz schnellt in den
roten Himmel ein großes Skelett hoch, Irrwitz,
wie ein Pferd sich bäumt außer Rand und Band
und spürt noch straff
am Hals
den Strang
krallt Fingerchen aufs Schenkelbein, das
knirscht gleich spitzem Hohn=Gemecker
und hoppst wie ein Kaspar in den Kasten zurück
in den Reigen zur Knochen=Musike.

Am schwarzen Galgen, herzlichem Hak=Arm
hÜpfen, hÜpfen die Paladine,
des Satans magre Paladine,
Skelette der Saladine.

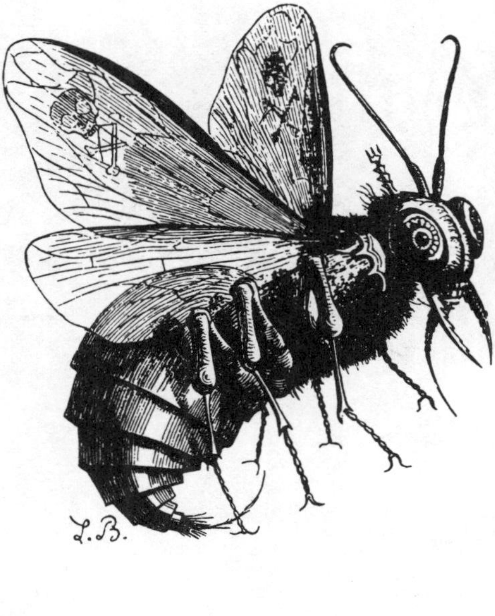

Die Bloß=Stellung Tartüffs

es stochert es stochert
sein liebestrunknes herz unter
seiner schwarz=keuschen kutte
selig & hand beschuht:
eines tages wie er so geht
schauderhaft SOFTY
gelb
sabbert ihm Gläubigkeit
aus seinem haltlosen maul ...
eines tages wie er so geht —
»Lasset uns beten!«
langt irgendso ein dreckskerl
nach seiner gebenedeiten ohrmuschel:
ein trommelfeuer widerwärtiger Parolen ...
und mit einem RUCK reißt ihm
dieser bastard seine schwarz=keusche kutte
von der feuchten haut!
BLOSS=gestellt! ... ab springen die knöpfe vom kleid
und der lange rosen=kranz
längst abgetriebener sünden
spult sich in seiner seele ab:
Sankt Tartüff wird FAHL!...
also packt er aus, röchelt ein stoß=gebet!
der kerl verpißt sich,
zufrieden mit dem beffchen ...
— IGITT!
Von Hals bis Sohle
Tartüff ist
splitterNACKT!

Der Schmied (ein Hammer)

Palast der Tuilerien,
10. August 1792

Die Pratze auf gigantischem Hammer, zum Fürchten
aufgehünt und trunken, die Stirn: ein Faß, lachend wie
eine Erz=Tuba über die ganze Breite des Mauls, nahm
diesen FETTEN da vorn aufs Korn, fuchsteufelswild:
Der SCHMIED parlierte mit Ludwig XVI eines Tags, das
VOLK war herum, staute sich in Scharen — sein dreckiger
Schurz fuchtelte über goldnes Getäfel.
Wohlan, der gute König, auf seinen Bauchspeck gepflanzt, war
fahl, fahl wie ein Armsünder, dem der Galgen winkt
und tat, unterwürfig wie ein Hund, nie einen Mucks,
wo dieser Schmiede=Flegel doch, mit der enormen Schulter,
so gspaßige Sachen und Sprüche drosch,
DEM vor die Stirn, aus dem eff-eff!
. . . .
. . . .

»HÖ, mein Herr, du weißt, wir JAUCHzten HEIssasa und triezten unsre Ochsen auf den Äckern ANDRER: der PROBST, wohlbepfründet, zog Paternoster durch auf heller Rosenkränze Gold=Geklunker. Der HERR, hoch zu Roß, stieß ins Jagd=Horn — mit dem Strang geißelte uns der eine, mit der Karbatsche der andere. — Dumpf glotzend wie Kühe kannten unsre Augen keine Tränen mehr, wir huften und huften und hatten wir alles Land umgebrochen und dieser schwarzen Erde etwas von unserm Fleisch gelassen... Sengte man als Obolus in der Nacht unsre Schuppen nieder, drin schmorte unser Nachwuchs, ein wohlgeratner Kuchen.
...Oh, ich lamentiere nicht. Verzapfe meinen Schund,
Das bleibt unter uns. Du kannst ruhig widersprechen.
HÖ, ists nicht herzerfrischend im JUNI enorme Fuhren Heu
in die Scheuern steuern zu sehn? Zu schnuppern, wies
wächst und gedeiht, Obst im Nieselregen, gebranntes Gras?
Korn zu sehen, Korn, körnerpralle Ähren und schon das
Brot zu denken, das man daraus macht?...
OH! Frohgemuter schritte man zur hellodernden ESSE, den Amboß behämmernd, ein Lied auf den Lippen, könnt man drauf ZÄHLEN, ein bißchen ABzuhaben, von dem,

was GOTT gibt, ist man doch schließlich MENSCH!
———Aber NU, es ist immer die eine und alte
GESCHICHTE!

Ich habs jetzt gerafft! Hab ich nur meine beiden Hände zusammen, mein Hirn, meinen Hammer, könnt da einer kommen, den Dolch im Gewand, mir sagen: »BURSCHE, säe mein Feld!« Oder nähm mir, weils Krieg wär, meinen Bub kurzerhand von der Seit! — ICH stünd meinen Mann. Und DU stünds deinen König und sagtest: »Ich WILL!. . .«
———Du siehst, wie bescheuert!
Glaubst wohl, ich schielte nach deiner Edel=Baracke, deinen vergoldeten Schranzen, deinen tausend Schnapp=Hähnen, deinen blaublasierten Bastarden, scharwenzelnd wie Pfaue: die haben dein Nest gestopft mit dem Duft unsrer Töchter, mit kleinen BLAUEN BRIEFEN, uns die BASTILLE zu erwirken bis wir sagen: »Gut so, die armen Schweine auf die Knie!«
Damit unsre dicken Sous deinen LOUVRE gold=richtig
trimmen!
Und du dich suhlst in ganz groß aufgemachter FÊTE.
— Und diese Herren prusten, kugeln sich über unsre
Köpfe hinweg!
NÖ, diese Schweinigeleien datieren in Papas Zeiten!
OH das Volk ist KEINE Hure mehr. Drei Schritt voran und wir VERPULVERTEN deine Bastille. Dieses VIEH schwitze Blut aus jeder Ritze, widerlich, sie stehn zu sehn die Bastille, Wände voll Aussatz, die Bände sprachen ———
und hielt uns noch immer gefangen in ihrem Schatten!
BÜRGER! BÜRGER! Finstre Vergangenheit brach zusammen, röchelte aus, als wir die Zitadelle einnahmen!
Wir hatten so etwas wie Liebe im Herzen.
Wir herzten und umschlangen unsre Söhne.
Und wie Rosse mit schnaubenden Nüstern schritten wir aus, stolz und stark ——— und DA schlug es uns...
Wir schritten zur Sonne, erhobnen Haupts, zünftig, durch PARIS! Man scheute nicht unsre dreckigen Schurze.
ENDLICH!
Wir kamen uns wie MENSCHEN vor.
Wir waren ausgezehrt, SIRE, wir waren besoffen von
schrecklichen
Hoffnungen: Und standen da, vor dunklen Herren=Sitzen, schwenkten unsre Hörner, unser Eichenlaub, die Piken hoch-
WEG war der Haß.

Wir fühlten uns so stark und wollten milde verfahren!

. . . .

. . . .

Und von da an gebärdeten wir uns wie TOLL!
Der Arbeiter=Haufe stieg in die Straße, und die Verschrienen
kamen, MASSE, täglich vermehrt um düstre Gespenster, drängt
zu den Türen der MAGNATEN. Ich rannte mit ihnen, Spitzel
einkassieren: ich lief durch Paris, wilder Schwarzkittel,
erhobnen Hammers, aus jedem Winkel diese Tröpfe putzen.
Und lachst du mir auf die Nase zu, KNALLTS!
DU kannst Gift drauf nehmen, daß du für diese finstren
SÄCKEL blechen mußt, die unsre Gesuche sich zuschusseln
wie Pingpong=Bälle, für diese Schlitz=Ohren, weiter unten,
die sagen: »HUCH, sind die blöde!«
die schmoren die Gesetze weich,
die verkleistern kleine Fonds mit hübschen rosa
Dekreten und Schönheits=Pflästerchen,
die machen grinsend ihren saubren Steuer=Schnitt,
die stopfen sich die Nase zu, wenn wir zu nahe treten:
UNSRE zuckersüßen VERTRETER, die halten uns für SCHMIERÖL!
DIE scheuen vor nichts, außer den Bajonetten...
Wohlan. Zum Henker mit ihren holprigen Tabaks=Tiraden!
Wir sind eingedeckt mit diesen Platt=Köpfen, diesen
Bläh=Göttern. Mit diesem Fraß, Bourgeois, SPEIST du uns ab,
wenn wir in PRASS sind und Szepter und Krumm=Stäbe brechen!«

. . . .

Er PACKT ihn am Arm, reißt den Samt=Vorhang auf und zeigt
ihm UNTEN die weiten HÖFE, wo tosend, tosend die
Masse sich erhebt, furcht=erregend im Brüllen hoher Seen,
heulend wie Hündinnen, brüllend wie ein tobendes Meer
mit strammen Knütteln und Eisen=Piken, Tambours, mit
lauthalsen Schreien der Hallen und Spelunken, düstrer, lumpiger
Haufe, blutrot von den Mützen:
DER Mensch zeigt durchs offne Fenster all dies dem König,
aschfahl und schwitzend, schwummrig in den Knien,
krank vom bloßen Anblick!

»DAS ist der ABSCHAUM,
Sire. Das bespeichelt die Mauern, das schwillt, das
GRASSIERT:
————Denn sie fressen nichts, Sire, das ist BETTELvolk!
ICH bin ein Schmied: mein Weib ist toll und mittemang!
Sie wähnt Brot in den Tuilerien! ———Man leidet unser-
EINS
nicht in den Bäckerein.
Ich hab drei Kleine. Ich bin ABSCHAUM. —— Ich kenne
Muttchen,
die weinen sich unter ihren Hauben die Augen aus, weil
ihnen Bub oder Mädel weggeschnappt: ABSCHAUM ists. —
Dieser Mann war in der Bastille, DER da im Kerker: und
beide: BÜRGER, EHRBAR. In Freiheit gelten sie als
HUNDE,
man bespeit sie! Und böse Dinge kriegen sie hier rein-
geWÜRGT, HOLLA! Das ist schauderhaft, Grund, daß sie
sich ver-
HACKSTÜCKT fühlen, verdammt, drum stehn sie jetzt DA,
jaulen unter EURER Nase! ABSCHAUM! ————
Die Hürchen drinnen, nieder=trächtig — halt schwach sind
die
Weiber — ihr Exzellenzen vom Hofe, das geht wie ge-
schmiert,
ihr habt ihnen in die SEELE gerotzt, als wärs Dreck!
DA sind sie heut, Eure Schönen. Das ist der ABSCHAUM!
»All die Unglück=Seligen, alle, denen der Rücken kocht
von der wütenden Sonne, sie kommen, sie kommen heran,
es scheint ihre Stirn zu PLATZEN unter der Strapaze...
HUT ab, Bourgeois! HO! Was hier kommt, sind
MENSCHEN!
Wir sind Arbeiter, Sire, ARBEITER!
Wir wollen die GROSSE NEUE Zeit, die nach Wissen strebt!
Wo der Mensch von Morgen bis Abend SCHMIEDET,
Jäger der großen Effekte, Jäger der großen Gründe, um
ZÄH ringend die Dinge zu zähmen, damit ihn alles TRÄGT,
wie ein Pferd!
OH! Funkensprühende Schmieden! Das Übel verzehrt,
verzehrt!
Was man nicht WEISS, das macht wohl HEISS:
Wir wissen! —— Wir schwingen die Hämmer, wir treiben
durchs
SIEB unser Wissen: DANN Brüder, AVANTI!

Manchmal kommt uns der große rührende Traum vom
EINFACHEN
Leben, voll Leidenschaft zu schaffen, ohne Afterreden
unterm souveränen Lächeln einer FRAU, der man zugetan in
edler Liebe: Und man schaffte stolzgeschwellt den ganzen
Tag,
die Pflicht im Ohr wie süßer Hörner=Schall. Und NIE-
MAND, zum
Teufel, niemand ließ euch zu Kreuze kriechen!
————Überm HERD hing ein GEWEHR.............
....

»OH! Doch die Luft ist noch vom QUALm des Kampfs
geschwängert!
Was red ich da? Bin ich ein Hundsfott!
Spitzel und Wucherer sind übrig.
Wir sind FREI, wir! Wir leben im TERROR, da fühlen wir
uns
groß, oh so groß!
Grad sprach ich noch von stiller Pflicht, von einer Bleibe...
Schau auf zum Himmel! ———DER ist zu mickrig für uns,
wir
krepierten vor Hitze, wir gingen in die Knie!
Schau auf zum Himmel! ——— Ich kehre zurück zur Menge,
zum großen gräßlichen Hundsfott ———— DIE rollt,
Sire, deine
alten Kanonen über die dreckigen Pflaster:
Die sind erst reingewaschen. wenn wir gestorben,
Und wenn, vor unsren Schreien, vor unsrer Rache
die Klauen alter goldstaubiger Könige ihre Regimenter
in GALA über Frankreich schubsen,
NA, heh, Was solls? — — — — Scheiß auf diese Köter!«

....

———Er SCHULTerte wieder den Hammer.
Die Masse
um ihn herum tobte, als hätte sie einen in der KRONE.
Und im weiten Hof, in den Wohnungen HALLTE das
Wutgebrüll
von PARIS, geschüttelt von kolossalen plebejischen Beben.
Drauf schmiß der Schmied, schreckliche Geste, dem
schwitzenden Wanst=König die rote Mütze
VOR den Kopf!

»70er Franzosen, Bonapartisten,
Republikaner, gedenkt eurer
92er Väter, etc;
....
— PAUL DE CASSAGNAC
— Le Pays —

Tote von zweiundneunzig & dreiundneunzig
bleichgeküßt von heftiger Freiheit
in Frieden, unter eurem Schuhwerk brach das
Joch, das Herz & Hirn der ganzen Menschheit
drückt

Männer außer Rand & Band im Wirbelsturm
unter den Flicken hüpft das Herz vor Ekstase
O Soldaten, die der Tod gesät, noble Geliebte
auf daß in all den alten FURCHEN ihr Nachwuchs
wird

Euer Blut wusch die besudelte Würde rein
Tote von Valmy, Tote von Fleurus, Tote Italiens
O Million dunkeläugiger süßer KRISTUSSE:
Wir ließen euch schlafen über die Republik
Wir, kreuzkrumm von Königs=Geknüttel:
——Die Herrn de Cassagnac bringen euch wieder
ins Gerede!

Geschrieben in Mazas,
3. September 1870

Auf die Musik

Bahnhofsplatz, Charleville

Auf dem Platz
von einem schwindsüchtigen Gras zerschnitten
ein Rasen=Park, wo alles ZACKig zugeht:
die Bäume & Blumen & all die infarkt
bedrohten Spießer
von Hitze fast stranguliert
tragen am Donnerstagabend
ihre scheeläugige Dummheit auf.
Die Militär=Kapelle,
mitten im Park, wiegt ihre
Tschakos zum Takt eines AMBOSSPOLKA.
Auf den ersten Rängen
paradieren die Gecken. Ein Notar
baumelt
an seinem Zifferblattgehänge...
Rentner
dirigieren BLECH
Musik mit ihren Kneifern.
Fette Büro=Wänste schleppen ihre
fetten Weiber mit sich herum;
in ihrem Dunstkreis
NOTorische Scharwenzlerinnen, deren Rüschen
kleider schwer nach Reklame riechen.
Auf grünen Bänken
ganze KLUBS pensionierter Krämer.
Mit ihren Knopfstöcken
stochern sie im Staub
bekritteln kompetent
das Zeitgeschehen, legen eine
Prise nach & »überhaupt...«
Das Fett seiner Lenden
hat ein Spießer auf die Bank
gequetscht;
schmaucht vor sich hin,
Flamenwanst

mit blankgewichsten Knöpfen.
Aus seiner Pipe ragen
Tabaksfladen:
SCHMUgglerware, immerhin —
Entlang dem grünen Rasen
Hohngeschrei der Gassenjungen;
Und aufgegeilt
vom Stoß der Posaunen,
ziemlich plump, Rosen in den Fressen,
schäkern die Landser mit den BÄHbies,
um ihre Bonnen rumzukriegen...
Ich
abgerissen wie ein Student
bin unter grünen Kastanienbäumen
hinter flinken Backfischen her:

Sie wittern das wohl &
drehen kichernd ihre Augen nach mir:
die sind voll gepfefferter Sachen!
Ich
sage kein Wort:
Ich
sehe immer bloß nach dem weißem Fleisch
ihrer Hälse:
die sind mit
wilden Strähnen bestickt:
Ich
folge unter dem Mieder & all dem fragilen Putz
dem göttlichen Rücken
hinter der Kurve ihrer Schultern.
Bald hab ich alles
bis zu den Stiefeln exploriert:
die unteren Partien...
Ich
rekonstruiere die Körper,
in
schönem Fieber brennend.
Sie
finden mich drollig &
sie
tuscheln leise...
Und ich
spüre die Küsse,
die meine Lippen
befliegen...

Erster Abend

Sie war schon stark entblättert
und die großen indiskreten
Baum=Schlingel bollerten ihr Laub
gegen die Scheiben, so nah, so nah.

Sie saß in meinem großen Sessel
halb=nackt, sie faltete die Hände
und auf das Bodenholz hippelten
vor Lust ihre Füßchen, so zart, so zart.

——Ich bemerkte, wachsfarben,
aus der Hecke einen feinen Strahl in
ihr Lächeln schmetterlingern, auf
ihre Brust — Fliege am Rosenstrauch.

——Ich koste ihre zarten Knöchel:
Da entsprang ihr ein süß=brutales
Lachen, hell trillernd
entzückendes Lachen aus Kristall.

Ihre Füßchen huschten unters
Hemd: »Willst du wohl!«
Der erste Vorstoß erlaubt,
mimte ihr Feixen nur noch Strafe!

——Flatterten da arme Dinger unter meiner
Lippe sachtem Augen=Kuß:
——Sie warf den Kopf zurück,
übermütig »POW! Das wird immer toller! ....

Mister, daß du weißt...«
——Ich schmiß die restliche Glut im
Kuß ihr zu Brust — und sie lachte
auf, lachte so wohlwollend tief...

1. Strophe wieder

Ninas Abblitzer

....

ER:
Brust bei Brust, HEY
        wolln wir abzwitschern
den Nüschel voll in Luft
        im Licht=Geprickel
Allerfrühsten Blaus, es badet
        dich im Wein des Tags ?...
Wenn durch & durch der Forst bebt, blutet
        liebesstumm

Von jedem Ast grün tropfend
        wasserhelle Knospen —
In diesen aufgegangnen Chosen
        vibriert Fleisch:

Du tauchst in die Luzerne nieder
        dein weißer Flausch
Entblößt erroste Blau=Schatten
        um dein großes schwarzes Aug

Liebchen vom grünen Lande
        überallhin spritzte
Wie moussierender Champagner
        dein irres Lachen

Kicherst mir, der säuisch trunken
        dich wüßt zu nehmen
SO — na! — an diesem tollen ZWOCKEL
HO! — ich schlurfte
Von deinem Him-, von deinem Erdbeer-Schmand
        DU blühend Fleisch
Kicherst dem kecken Wind, der
        Räuber kitzlert dich
Der Heckenrose, die dich fuchst
        so nett:
Kicherst vor allem, toller Kopf
        zu deinem SCHMUSEL!....

....

17 Jahr! Glück im Haar!
O! die großen Auen!
Das weite Feld der Liebe!
— SAG, komm ganz nah!....

——Brust bei Brust
unsre Stimmen verschmolzen
sacht werden wir die Klamm übermannen
und erst die großen Wälder!...

Dann wie eine kleine Tote
— gebrochnes Herz —
sollt ich dich tragen
— du blinzelst noch...

Ich trüg dich, pochend Herz,
den Pfad hinein
Der Vogel ziseliert ANDANTE:
»Im Haselstrauch«...

Ich plapperte in deinen Mund:
ging, preßte deinen Leib
Wie eine Kindin, die zu Bett gebracht
trunken von dem Blut

Das blau rollt unter weißer Haut
— rosig getönt —:
Ich quakte dir mit Lottermaul...
Na! ... Kennst die Schoten....

Unsre Riesen=Büsche schwelgten im Saft
und die Sonne schmisse
feinen Gold=Sand auf den großen Traum
grün und glühendrot

Am Abend?.. Ergatterten wir wieder die
blanke Straße, zuckelnd
wies Vieh beim Grasen
greifbar nah

Solides Obst in blauer Krause,
SCHRULLEN=Apfelbäume!
Man riecht es meilenweit
das stolze Zeug!

Wir eroberten wieder das Dorf
bei Demi=light
Und in der Abendluft röchs
nach Melke

Röchs nach Stall, voll
heißem Mist
Voll lahmer Atem=Büsche
und breiten Rücken

Die ein Kalk=Licht tüncht
HInieden wird die Kuh
ganz stolz bei jedem Schritt
sich einen BRADDELN...

———Die Hornbrille von Omama
ihre lange Nase im
Meßbuch — Bier=Humpen
bleigefaßt

Schlagen Schaum um Pfeifen=Köpfe
die protzend rauchen
Wurst=Gelippe
ALLES rauchen

Schnappen Schinken=Gabel=Happen
noch & noch & nöcher:
das Feuer erhellt die
Pfühle & Kojen

Glänzender Mast=Arsch eines
Monster=Kinds
Das lümmelt kniend seine weiße
Schnauze in die Tassen

Ein Freß=Kopf reibt daran, muffelt
    gnädig vor sich hin
Und leckt dem süßen Kleinen
    rund um die Visage...

Schwarz stänkernd auf der Stuhl=Kante
    — Affen=Profil —
Hockt eine Alte vor der Glut
    — sie spinnt Garn

Was kriegten wir zu sehen, Liebste
    in diesen Koben
Wenn der Flamme Licht=Spur die
    grau=karierten Fliesen trifft!...

———Dann, winzig, eingenistet
    in schwarzem vollen Flieder:
Die verborgne Scheibe
    kichert dort unten...

Du kommst doch, kommst, ich liebe dich!
    Das wird SCHÖN.
Du kommst doch, GELT, und wenn schon...

SIE:
Und mein BÜ=RO?

Aus dem Häuschen

Dunkel geklumpt in Schnee und Nebel
vorm großen Keller=Loch, das sich erhellt
Die Ärsche im Rund

Fünf KNIRPSE auf Knien — Was ein Elend! —
sie schaun wie der Bäcker das
schwere blonde Brot macht...

Sie sehen den wuchtigen weißen Arm KRAULEN
im grauen Teig, geschoben in
gleißende Ofen=Öffnung

Sie hören das gute Brot knacken —
der Bäcker mit fettigem Lachen
grunzt eine alte Weise...

GeKAUert sind sie, mucksmäuschenstill, in
den BRODem des roten Keller=Schachts
warm wie ein Schoß.

Und wenn, Schlag Mitternacht
knallfrisch und gelb das fertige
Brot herauskommt

Wenn unter rauch=schwarzen Balken die
duftenden Krusten zirpen
und Heimchen

Wenn diese warme Mulde vor Leben SCHNAUFT
dann sind diese Seelen ganz hinge=rissen
in den Lumpen

Sie sind von Leben durchdrungen
kleine verfrorne Jesusse!
Alle zur Stelle

Pressen ihre kleinen rosa Schnauzen ans
Gitter, grummeln Dinge zu
den Löchern hin...

Vielleicht ganz blöde Gebete...
Fallen fast vornüber ins Licht
wieder=eröffneten Himmels —

SO gespannt, daß ihre Hosen platzen
und ihr weißes Zottelhemd im
Winterwind schlottert...

20. September 1870

Roman

I

Mit 17 hat man noch FLAUSEN (im Kopf).
———Ein lauer Abend, zum Teufel mit
BOCKS & Limos
& krakeeligen Cafés im Lüster=Schein!
Man macht sich auf die Socken
unter grünen Linden.

Was duften diese Linden DUFTE
in diesen LINDEN Juni=Nächten!
Manchmal ist die Luft
so süß
daß einem die LIDER niederschlagen.

Voll Gedröhn der Wind — die Stadt ist nicht weit —
er duftet nach Rebe
duftet nach Bier...

II

Sieh an: von einem Ästchen umgabelt ein
winziger Schnippel Tief=Azur,
gepiekt
von einem ganz durchtriebenen Stern, der
sachte verzittert,
so klein, so weiß....

Juni=Nächte! 17 Jahr! —— Man läßt sich beduseln.
CHAMPAGNER heißt der Saft,
der knallt in die Birne...
Du faselst, spürst
auf den Lippen einen Kuß
ZAPPELN
wie ein kleines Tier...

III

Das bekloppte Herz robinsonniert quer=beet
durch die Romane ——— BIS
unterm Licht=Einfall einer fahlen
Laterne
ein Dämchen passiert
possierlich berückend
doch beschattet vom drohenden Vatermörder
des Herrn Papa...

Und da sie dich UHNbeschreiblich kindisch
findet
schwenkt sie
im beharrlichen Trott
ihrer Stiefelchen
um — KECK und mächtig aufgedreht....
Auf deinen Lippen erstirbt das Gesummse...

IV

Du bist verknallt. Ausgebucht bis zum August.
Du bist verknallt. — Deine SoNETTE bringen
SIE zum Kichern.
Alle Freunde schneiden dich, du bist ab=geschmackt.
————Dann eines Abends: der Goldschatz hat
sich brieflich empfohlen...!

SOgleich....
gehst du zurück zu den Glimmer=Cafés,
orderst Bock oder Limo....

———Man hat noch FLAUSEN (im Kopf), wenn
man 17 ist &
auf der Promenade sich grüne Linden finden.

29. Sept. 1870

Das Böse

...während der rote rotz der kar-
tätschen taglang durch blaue
himmelsunendlichkeit sirrt
es in scharlach oder grün
hart beim herrscher
der sich hohnlachend biegt
bataillone & massen
ins feuer mäht...
... während gräßliche tollheit
mörsert und
100 000 menschen zu qualm &
brei zermalmt —
arme getroffene:
im sommer im gras
in deinem entzücken: natur! du hattest die menschen
in unschuld geboren! —

...IST da
ein GOTT der lacht
zu den damast=vliesen der altäre
zum weihrauch
zu großen gold=kelchen
und im geschunkle der heils=lieder
nickt er ein.
da müssen MÜTTER kommen, angstgepreßt,
mit tränen unter alten schwarzen hauben
IHM
einen DICKEN sou hindrücken
ins schneuztuch geschlagen —
damit er aufwacht!

Der UMwerfende Sieg von SAARBRÜCKEN

Eingeheimst mit dem Ruf: »Hoch lebe der Kaiser!«

Brillant kolorierter
belgischer Stich,
in Charleville käuflich
für 35 Centimes

Inmitten
einer Apotheose aus Blau und Gelb
entschwebt der KAIser
steif auf seinem FLAMMENDEN Holzpferd
voll
Glück ———— denn
er sieht alles rosa=getönt ————
BÄRbeißig wie Zeus und milde wie
ein PAPA
Unter
IHM das treu piepende Fußvolk
nach seiner SIESTA zwischen goldenen
Tamburinen und roten Kanonen
erhebt sich artig

PITOU wetzt seine Scharte aus
er torkelt auf den CHEF zu
benebelt mit großen Namen!
DUMANET zur Rechten
gestützt auf den Knauf seines Schieß=Prügels
spürt
wie sich seine Nackenhaare sträuben — UND:
»ES LEBE DER KAISER!«
(der Nachbar hält die Klappe...)
Ein TSCHAKO taucht auf —
wie eine schwarze Sonne in Wichs...
MITTEMANG
BOQUILLON in Rot und Blau,
thront auf seiner Wamme
und — die Hinterfront präsentierend —
ein einfaltspinsliges:
»HÄ?...«

Oktober 1870

Cäsaren=Koller

Der bleiche Mann, an Blüten=Polstern streicht
er entlang, schwarz gekleidet und die Zigarre
eingefressen:
Der bleiche Mann beGRÜBelt die Blümchen der Tui=lerien
— und manchmal fängt sein verhangener Blick
Feuer...
Denn der Kaiser hat sie so DICKE
die 20 Jahre Orgie!
Unter der Devise: »Mit Hoch=Genuß die Freiheit
auspusten, wie ein Talg=Licht!«
Die Freiheit rappelt sich!
Er fühlt sich angeknackst!
Er ist am Brett. —— O!
zuckt da
nicht ein Name über seine
stummen Lippen?
Quälende Reue, die ihn beißt?
Man wird es nie erfahren:
Der Kaiser hat den toten Blick.
SchMACHTet er
vielleicht nach seinem Brillen=Kumpan...
Und meditiert, wie abends in Saint=Cloud
in die Kringel seiner
Glut=Zigarre,
ein
dünner
blauer
Dunst...

À *** Elle.

Rêvé Pour l'hiver.

L'hiver, nous irons dans un petit wagon rose
Avec des coussins bleus.
Nous serons bien. Un nid de baisers fous repose
Dans chaque coin moelleux.

Tu fermeras l'œil, pour ne point voir, par la glace,
Grimacer les ombres des soirs,
Ces monstruosités hargneuses, populace
De démons noirs et de loups noirs.

Puis tu te sentiras la joue égratignée...
Un petit baiser, comme une folle araignée,
Te courra par le cou...

Et tu me diras : « Cherche ! » en inclinant la tête,
— Et nous prendrons du temps à trouver cette bête
— Qui voyage beaucoup...

Arthur Rimbaud

En Wagon, le 7 octobre 70.

« RÊVÉ POUR L'HIVER », POÈME
COMPOSÉ EN WAGON LE 7 OCTOBRE 1870.

Dem Winter zugeträumt

for... ELLE

Im Winter werden wir in einem kleinen
rosa Waggon mit blauen Kissen fahren.
Dann gehts uns gut: Ein Nest aus verrückten
Küssen träumt in allen molligen Winkeln.

Du wirst das Auge schließen, um nicht mehr
durch die vereisten Scheiben zu sehen, wie
Nachtschatten: verbissene Mißbilder, Kratzer
schwarzerDämonen und schwarzer Wölfe: grimassieren.

Dann spürst du ein Kratzen auf deiner Backe:
ein kleiner Kuß, wie eine überspannte Spinne,
flitzt über deinen Nacken ...

Und du sagst zu mir: »Such!«, neigst den Kopf.
— Und wir eilen uns nicht, dieses Biest zu stellen,
— das so aufgekratzt am Stromern ist ...

Im Waggon, 7. Okt. 1870

Der Schläfer vom Tal

Es ist ein Loch, krautgrün, dort gurgelt
ein Bach und häkelt übermütig
Silber=Kringel ins Gras
dorthin vom
stolzen Berg
fällt
Sonnen=Licht:
Es ist ein schmales Tal,
voll Strahlen=Büscheln.

Ein junger Rekrut — offner Mund — helmlos
— der Nacken aalt sich im Frisch blauer Kresse —
er schläft;
er ist ins Gras gestreckt, unter der Wolke
bleich in seinem grünen Bett,
wo es Licht tropft.
Die Füße in den Schwert=Lilien,
er schläft — lächelt wie ein krankes Kind
lächelt,
hält einen Schlummer:
NATUR: halt ihn in deinen heißen Armen:
er hat kALT
Seine Nase
bebt nicht von den Düften
er schläft in der Sonne, die Hand auf der Brust
ganz still.
Er hat zwei rote Löcher
in der rechten
SCHLÄFE.

Zur grünen Schenke — 5 Uhr nachmittags

8 Tage schon hatt ich meine Stiefel verwetzt
auf dem Kies der Straßen. Ich enterte Charleroi!
Zur Grünen Schenke: orderte ich
Butterstullen und angekühlten Schinken.

Quietschfidel lungerten meine Gliedmaßen
unterm grünen Tisch: ich kontemPLIERTE
die Motive der Tapeten: einfaltspinslig. — Und
ergötzlich wars als das Girl mit den
enormen Dutteln, dem quicken Blick

— kein KUSS, der DIE ängstigt! —

mir gickelnd die Butterstullen beibrachte:
lauwarmer Schinken auf einer Platte,
rot=weiß koloriert vom Schinken,
parfümiert mit einer Zehe Knoblauch —

und mir den maßlosen Schoppen vollschenkte mit
ihrem Schaum, den die zurückgebliebene Sonne
mit Lichtpollen vergoldete

Schlawinerin

in einem braunen speiseraum,
im aroma von frischem lack & früchten,
gönn ich mir, ins plüsch gepflaumt, eins dieser
schlecht zu behaltenden belgischen menus.

ich mampfe & lausche, wunschlos glücklich,
dem tick tack der uhr.

mit einem knuff öffnet sich die küchentür,
die kellnerin erscheint, mit ganz schön verrutschter bluse,

— weshalb denn bloß? —

& verdammt schlawinerisch hinfrisiert.

auf ihrer backe tanzt nervös ihr
kleiner finger: ein flaum wie rosig

weiße pfirsischhaut. mit ihren
kinderlippen probiert sie eine schnute.

hautnah bei mir hantiert sie mit tellern &
krügen: welch ein vergnügen!
dann, keß, des kusses schon gewiß,
leis: »Spür ma, hab mir DEN backe verkühlt!...«

Charleroi, Oktober 1870

Das BüFETT

Ein ausladendes Büfett ist das, beschnitzt, dunkle Eiche
  schwer alt, mit dem gediegenen Flair alter Menschen —
Das Büfett ist aufgemacht und kippt in seinen Schatten
  als wärs eine Flut alten Weins
              Düfte — ein Gedicht!
Vollgepfropft — eine Wühlgrube ältlichster Altertümer
                                   ist das:
  Wäschestücke, gelb und stark riechend, Flitter
von Frauen oder jungen Dingern, verschossene Spitzen,
    fesche Schals von Oma, Marke Greifvogel.

———DA sind bestimmt Medaillons zu finden, Strähnchen
    weißer oder blonder Haare, Porträts, Dörrblumen,
  deren Duft mit dem ArOMA von Obst gepaart.

—— Du Büfett von vordem, du hältst vielleicht
              Geschichten parat,
      du könntest Sagen verzapfen
          und du knarrst
  wenn sich gemach deine großen schwarzen
          Türen öffnen.

Oktober 70

Meine Pohème
(eine FANtasie)

Ich tROLLTE mich,
Fäuste in geborstnem Hosen=Sack
mein ROCK war schon fast reiner Geist.
Unterm Himmels=Zelt, MUSE,
schwärmt ich als dein Knapp —
O LA LA! Was träumt ich
blendende Amouren!

Meine einzige SOCKe hatte ein dickes Loch.
Klein Träumeling schnappte Verse auf im Lauf. —
Ab stieg ich auf dem Großen Bären —
Meine Sterne am Himmel frottierten mich SWEE-HEET

Und an Bord der Ausfall=Routen horchte ich
in diese coolen September=Nächte bis der
Stirn Tau=Tropfen schmeckten wie feuriger
Wein....

Und reimelnd im Bann
fantastischer SHADOWS
zupft ich die Gummi=Schnüre
meiner zerschlissnen Schuh
wie ne Leier-ein Fuß DICHT am Herz!

Die Sitzhaften

schwarzgeschwollen verhagelt
die augen grün beringt
die wurstfinger um die schenkel gekrallt
die stirn mit zänkischem
ungefähr gesprenkelt

wie blatternarben auf
tattermauern mit anfälliger liebe die lachhaften
gerippe in dicke schwarze

sesselskelette gequetscht
die gichtigen quanten von morgens bis
abends verknotet

: diese schabracken ewig mit ihren sitzen verzopft
sie schnüffeln wie lebendige sonne ihre haut verätzt

oder anders: die nasen an fensterscheiben gepappt
daß der schnee verwelkt
zittern wie kröten ein
jämmerliches tremolo

die sitze sind wohl täter abgewetztes braun
den winkeln ihrer leisten weicht das stroh

entflammen die herzen dieser
schimmligen sonnen eingerollt
im flechtwerk der ÄHRE
als das korn noch gärte

die sitzhaften: knie unterm kinn
grüne klavierspieler mit zehn knochen unterm sitz
das nennt sich dann trommeln
diese musiker schlürfen den SOUND
ihrer miesen BARkarolen ihre schädel
äffen das schlingern der liebe nach

aufgepaßt
bringt sie nicht zum aufstehen
das wäre der untergang
brummend wie geohr=feigte katzen tauchen sie auf
langsam spreizen sich
ihre schulter blätter
oh WAHNSINN
die hosen bauschen sich um aufgedunsene ärsche
zu hören wäre der lärm ihrer glatzköpfe
die an dunklen mauern zerplatzen

ihre vertwisteten füße
schlagen an schlagen an ...

und die knöpfe ihrer röcke sind raubtierpupillen
ziehen eure blicke aus den schwarzen
löchern der
korridore

last not least ist da
ihre hand
unsichtbar tödlich
kommen sie zurück filtert ihr blick das schwarze
gift das du in den kuschaugen
geprügelter hündinnen entdecken
kannst
und dir kommt der schweiß
bist gefangen in furchtbaren trichtern...

die ruhe wieder hergestellt
die fäuste wieder ertrunken in dreckigen manschetten
schwelgen sie gedank/lich von denen
die sie hochbrachten
und von abends bis morgens nur ein thema:
die trauben ihrer halsdrüsen
die unter dem kinn zum
krepieren ansetzen...
wenn der unerbittliche schlaf ihre visiere versiegelt
träumen sie
in ihre arme gesackt
von besAMTen sitzen
von der ganz großen leidenschaft
mit sesselchen
die hochnäsige büroräume

besetzen
: tintenblumen ejakulieren kommapollen
und man wird zu hebammen

verkauert faltern sie dann um blumenkelche
wie die libelle um den rand der gladiole
— und ihr glied reibt sich aufgeregt am
st=engel...

Fauns Kopf

Im Blattgeschmiere Schatulle grün & goldflackernd,
Im Blattgeschmiere schwankend & beblüht mit
prangenden Blumen wo
der KUß döst
sPrengt
hitzig durch erlesnes Gesticke
ein aufgebrachter FAUn
zeigt die zwei Augen
und zerbeißt mit seinen weißen Zähnen
die roten Blüten
braun & blutig
wie alter Wein: seine LiPPe
bRicht in Gelächter aus
unter den Zweigen
Und ist er davon — HUI! wie ein Eichhorn
zittert noch
sein Lachen in jedem B$_{l}$a$_{t}$t
und man sieht
geschreckt von einem GIMPEL
den Goldnen Kuß des Walds
inne halten

Die Zöllner

Die da brülln: »Zum Henker!«, die da brülln: »Am Arsch!« —
Soldaten, Matrosen, Versprengte und Veteranen,
das sind NULLEN, Nullen vor den BUNDES=Soldaten,
die spalten ins BLAU eine Grenze mit ihrem Spaten!

Pfeife im Maul, Klinge gezückt, mit Tiefgang, nicht blöd,
wenn aus dem Wald Schatten trieft wie Kuhmaul=Schlabbern,
dann traben sie los im Gespann ihrer Rüden
zu exerzieren ihre nächtlich=schaurigen Späße!

Den modernen Gesetzen führen sie Fauninnen zu,
sie greifen sich Fausts und Diavolos —
»Keine antiken Faxen! Runter mit den Ballen.«

Stößt der angegraute Zöllner mal auf junges Blut,
so fummelt er das Reizendste durch die Kontrolle.
Hölle der Armsünder, die zwischen seine Pfoten geraten!

Abend=Andacht

Ich lebe
seßhaftig wie
ein Engel unter Barbier-
händen, einen Bierkrug mit dicken
Furchen in der Faust, Hypogastrum & Hals
gewölbt, Mutz im Gebiß, in der Atmosphäre un-
faßbarer Schleier.

Tausend Träume,
wie die heiße Scheiße
alter Taubenschläge, verpassen
mir süße Brandblasen. Mein Trübsinns-
Herz ist
von Fall zu Fall
ein Birkenscheit, besudelt vom dunklen Gold-
schnodder kranker Triebe.

Spät, mein Geträum
in bester Manier verschluckt,
konvertiere ich, nach zirka 30 oder 40 Humpen,
und meditiere auf das scharfe Bedürfnis, das ins Freie
drängt:

Sanft wie
der Herr der Zedern & Ysopen
pisse ich gegen die braunen Himmel
— very far & very high —

unterm Beifall der großen Heliotropen...

Meine kleinen Geliebten

Ein geplatzter Tränenhydrant
wäscht die kohlgrünen Himmel.
Unterm großen Zärtlichkeits=Baum
eure Kleppermäntel.

Weiß ausgefeilter Monde,
oblatenrund,
Bumst eure Kniekissen,
meine Schreckschräubchen!

Wir liebten uns vor Zeiten,
BLAUes Schreckschräubchen.
Wir aßen weichgekochte Eier
und Vogelbeeren.

Nächtens gabst du mir Dichter=Ölung,
BLONDes Schreckschräubchen.
Komm runter da, daß ich dich peitsche
an meiner Brust!

Dein Haarschmalz treibt mir die Kotze,
SCHWARZes Schreckschräubchen.
Meine Mandoline hättest du zerschnitten
mit der Schneide deiner Stirn.

Puah! Mein eingetrockneter Speichel,
ROTes Schreckschräubchen,
Infiziert noch immer die Kasematten
deiner Brustkuppel!

Ach meine kleinen Geliebten,
unbeschreiblich ist mein Haß!
Wickelt Bandagen um
eure miß/glückten Brüste!

Zerstampft meine senilen Samen=
Schalen des Gefühls.
Hopp! Los! Seid Ballerinen
nur ein einziges Mal!

Eure Schultern gehen aus dem Leim,
Ach, meine Schönen!
Ein Stern auf euren lahmen Ärschen,
schmeißt eure Quanten!

Und doch: für diese Hammelschultern
machte ich meine Reime!
Die Haxen möcht ich euch stauchen,
daß ich geliebt habe!

Fader Haufen verhinderter Sternchen,
Ab in die Mäuse=Spalten!
Krepiert mit Gott, von 1000
gemeinen Sorgen ruiniert.

Unter ausgefeilten Monden,
oblatenrund,
Bumst eure Kniekissen,
meine Schreckschräubchen!

Verkauert

Sehr spät, den Magen verkorkst,
Dachluke belinst, wo ein blankpolierter
Sonnenkessel blinkt und

Ihm eine Migräne verpaßt, daß sein Blick sich trübt —
Bruder Rafotus wälzt seinen Pfaffenwanst in den Laken...

Wie er zappelt in seinen grauen Schabracken:
Wie er aussteigt: die Knie eng an seine Wampe gepreßt,
konfus wie ein Tattergreis,
der nach seiner Prise greint...
Er muß, oh Pein, die Faust am Henkel eines weißen Pottes,
das Hemd hoch bis zu den Nieren raffen...

Verkauert, schlotternd, Zehen verkrampft,
klappert mit den Zähnen in einer grellen Sonne,
die mit windbeutelgelben Strahlen
seine Papierscheiben verplackt...

Und die Nase des braven Manns,
wo Lack sich pellt, schnüffelt nach Strahlen
wie ein Polyp des Fleisches...

Der brave Mann schmort jetzt am Feuer, Arme verkeilt,
Wulstlippen am Bauch:
er spürt wie seine Schenkel ins Feuer entgleiten
und seine Höschen heiß werden
und seine Pfeife verraucht...

Etwas VogelArtiges
baumelt leicht an seinem Feist — wie ein Kuttel=
Fragment!
In der Runde döst eine Wirrnis abgebumster Möbel,
in Drecklumpen und auf schmierigen Bäuchen:

Schemel
Seltsame Kröten
kauern in schwarzen Ecken

Die Schränke haben Sängerknabenschnauzen und
klaffen halb im Schlaf:
voll von horrendem Gieren...

Eine ekelhafte Hitze würgt die enge Kammer.
Das Hirn des braven Manns ist ein einziger Kuddelmuddel.
Er horcht, wie Haare aus seiner Fetthaut sprießen —

Und manchmal entfahren ihm Rülpser,
tiefdröhnend & drollig,
die seine hinkenden Hocker das Tanzen lehren...

Und abends, im Mondgestrahle, das in
die Konturen seines Arschs
Lichtnähte sticht,
kauert ein Schatten, mit allem Drum & Dran,
auf einem Boden rosigen Schnees,
ganz wie eine getrimmte Rose...

Fantastisch!
Eine Nase macht sich an VENUS ran
am stockfinstren Himmel!

LA BELLE HELENA
CLEOPATRE
LVCRECE

Venus Anadyomene

Wie aus 1 grünen Weißblechsarg
taucht aus 1 rostigen Badewanne
— schwer & blöd —
1 Weiberschopf, brünett
& dick verschmalztes Haar
& mit recht & schlecht
geflickten Mankos.

Es folgt 1 feister, grauer Hals,
breit klaffende Schulterblätter,
1 kurzer Rücken, krumm & gestaucht.
Dann das Rund der Lenden:
Sie riskieren 1 Höhenflug.

Das Fett der Haut gerät
zu platten Blattern.

Das Rückgrat ist leicht gerötet.
Und dem ganzen Ensemble entweicht
1 beängstigend fremdes Aroma.
Man konstatiert Mysteriöses:
nur 1 Lupe könnte es klären...

Dem Kreuz sind 2 Wörter eingraviert:

CLARA VENUS

Und dieser ganze Corpus
reckt & streckt die breite Kruppe:

schaurig schön
funkelt am Anus
1 Ulkus.

Der Dichter mit 15

Die Dichter mit Sieben

An M. P. Demeny

Und die Mutter
SCHLOSS die Schul=Fibel, enteilte brummend vor
Stolz und sah nicht in den blauen Augen, unter
dem Stirn=Schulp ihres Sprößlings
übelsten Trotz wüten.

Den Tag lang schmorte er vor Gehorsam — intelligenter
Bursche —
doch ein paar finstere Macken und Drehs machten
diese zynische Pantomime durchsichtig.
Durch die dusteren Korridore — schimmlige Tapisserie —
strich er, zückte die Zunge, die Fäuste in die
Flanken und die Augen gekniffen bis Punkte kamen.

Auf den Abend ging eine Tür auf: oben bei der Lampe
sah man ihn über die Treppenrampe röcheln
unter einer Flutlicht=Blase, die vom Dach reinhing.
Im Sommer meist beknackt, rammdösig, war er versessen
auf lange Klausuren in der Kühle des LOKUS:
    Dort grübelte er in aller Ruhe und bediente
    seinen Riechkolben.

Wenn vom Schmelz des Tags duftend das Gärtchen
hinter dem Haus sich beMONdete, lag er am Fuß
einer Mauer, in den MERGEL gewühlt und datschte
— der Visionen halber — seinen dürmligen
Aug=Apfel, vernahm das Knurren räudiger
Hecken=Spaliere.

Heiliger Strohsack! Zu seinem Klüngel zählte
nur Gesocks: Kinder mit Triefaugen auf der Backe,
ohne Kappe, die dürren Flossen gelb=schwarz
starrend vor Dreck, in fast antike Klamotten
vergraben mit dem Odeur von Dünnschiß —
die kommuni=zierten so einfühlsam wie Deppen.
Seine Mutter, völlig aufgebracht, erwischte
sie ihn bei solch zotigem Einvernehmen.
Mit einem Schwall ausgemachter Zärtlichkeit
parierte er diese Bestürzung.
Wie gelungen. Sie hatte den blauen Blick —
der lügt!

Mit 7 fabelte er Romane über das Leben der
Großen Wüste, wo die geraubte FREIHEIT strahlt,
    Wälder, Sonnen, Strände, Savannen!
Er behalf sich mit Illustrierten, wo er, hochrot,
die lachenden Frauen aus Spanien, Italien
beschaute.

Kam: Braun=Auge, Wildfang, in indianischer Kluft
    — 8 Lenze — die Kleine von Arbeiters nebenan,
    dieses Biest, die BOCKTE ihm in einem Winkel
    gleich auf den Buckel, schmiß ihre Fransen
    und er, untendrunten, biß ihre Arsch=Backen
        — Hosen trug sie ja nie.

Halb totgedroschen von ihren Fäusten und
Hacken entführte er den Odeur ihrer Haut
in sein Zimmer.

Ihm grauste vor diesen BLEIchen Sonntagen im Dezember,
wo er, pommadig, auf mahagoninem Schemel
Bibel las in kohlgrünem Anschnitt;
Träume alpdrückten ihn jede Nacht im Alkoven.
Gott liebte er nicht aber die Menschen, die er im fahlen
Abendrot
heimkehren sah in die Vorstadt,
schwarze Gestalten in Montur.
Oder die Ausrufer, die ihre Edikte — dreifach umtrommelt —
dem Johlen oder Murren der Masse aussetzten.

— — — — —Er träumte die PRÄRIE DER LIEBE, wo
lichtvolle
Kimmen, selige Düfte, goldenes Flaum=Geflimmer
sacht wogten und schwappten und
erregt aufschossen!
Er genoß vor allem den Reiz der düsteren Sachen,
so las er, ROLLOS herunter, in der nackten
Kammer, hoch und blau, salpetrig=feuchter
Befall, seinen Roman, gänzlich versunken —
VOLL schwerer Ocker=Himmel, abgesoffner Wälder,
fleischnen Blumen in Stern=Span=Büschen
entknospt:
Taumel, Kollaps, Entgleisung und...
Häufchen Elend!

— — — —Während drunten das Viertel vor sich
hinRUMORTE —:
allein, verkrochen in Bahnen kruden Linnens,
das SCHWANTE ihm aufs Heftigste
das Segel!

26. Mai 1871

Der Dichter mit 17

Die armen Kirchenmäuse

in eichenbänken eingekeilt,
in kirchenspalten, von
ihrem ungesunden atem geheizt,
ihre 1000 augen zum chor
gereckt, von dem gegolde rieselt &
der kirchenchor aus 20 mäulern
heilige gesänge mault —
als wärs brotparfum blähen sich
ihre nasen beim wachsgeruch;
verzückt & wie verprügelte hunde
unterwürfig richten zum Guten Gott,
zum Herrn & Vater, die armen
ihr albernes & beknacktes gebete.
die weiber — wie inbrünstig walken sie
die bänke blank! nach 6 schwarzen tagen,
da ihr gott sie bluten ließ: in merkwürdiges
plissé=zeug gewickelt, wiegen sie sowas
wie kinder, die gottserbärmlich quäken.
ihre schmierigen brüste flutschen heraus:
diese suppenfresserinnen beglotzen,
ein nie gesprochenes gebet in den augen,
die jammerparade einer rotte von gören
mit verbeulten hüten;
draußen die kälte, der hunger, der besoffne
mann: na ja! noch ne ganze stunde &
danach das elend ohne namen!
und an allen ecken & enden
winselt näselt lispelt eine
kollektion alter zottelweiber:
da gibts diese verwirrten & epileptiker,
denen man noch gestern an der kreuz=ung
den rücken drehte. und mit süchtigen nasen
hängen in den heiligen schwarten
die blinden, die ein köter durch
die hinterhöfe schleift.
und alles speit bettelnd stupiden

glauben, rezitiert endloses klagen
dem jesusknaben; der hängt
ganz oben & träumt, vergilbt im
fahlen kirchenfresko;
hält abstand von dürrer not &
gemästeter bösartigkeit;
hält abstand vom gestank von
fleisch & kleidermuff,
düstere & mickrige farce voll
abstoßender gebärden.
und die gebete blähen sich mit
gesuchten vokabeln;
und die verzückten schlagen
zudringlichere töne an,
wenn an den schiffen,
wo die sonne verreckt,
banales seidengerunzel, gelbes
lächeln, die damen der besseren
viertel — oh dreifaltiger! —
leberkrank, mit langen, gelben
fingern die weihwasser
becken ficken...

1871

Pariser Kriegsgesang

Der Lenz machts evident, denn
aus den Zentren der GRÜNEN Besitzer
startet die Bande von Thiers & Picard
zu ganz bombastischem HöhenfLUG!

Mensch MAI! Was für besoffne Nackt=Ärsche!
Sèvres, Meudon, Bagneux, Asnieres:
Horch die Körnchen, die sie durch den
Frühling senden, zur Empfehlung!

Sie sind in TSCHAKO, Säbel & Tam=Tam —
nicht in ollen Seifenkisten oder Jollen
die nicht mehr Put Put wollen
durchstechen sie den See so rot!

So wie noch nie haun wir auf die Pauke,
wenns auf unsre Grotten gelbe
Kopf=Nüsse schrappelt —
in Morgenrots besondrer Art!

Thiers & Picard, das sind H=EROtomaten,
die reiben Sonnenblumen auf,
die mixen ihre Coctails mit Petroleum:
und ihre Truppen wie Maikäfer robben...

Alle auf du & du mit dem Großen Dreck=Sack!...
Und in die Gladiolen gekuscht
petzt Fauvre seinen Tränen=Kanal
und schnieft, dem Pfeffer sei Dank!

Die Hauptstadt ist ein heißes Pflaster...
Trotz Duschen aus Petroleum:
Wir müssen mit Mumm
Euch den Part verMasseln...

Und die Kraut=Junker psalmodieren
endlos krampfige Sitzungen lang —
BIS sie die Äste knacken hören
zum roten FRICASSEE!

Das Herz des Hanswurst

Mein Herz hat Trauer, speichelt am Sterz,
Mein Herz voll Korporal gepriemt:
Sie schmeißen ihre Pampe hinterher,
Mein Herz hat Trauer, speichelt am Sterz:
Im Zotenhagel der Muschkoten,
Die auf Kommando Salven lachen,
Mein Herz hat Trauer, speichelt am Sterz,
Mein Herz voll Korporal gepriemt!

Im Fick-Fack-Schweine-Reim der Söldner
Wird es verhöhnt, wird es versaut:
Sie ritzen überall hinein
Den Fick-Fack-Schweine-Reim der Söldner.
Ihr abrakadabranten Fluten,
Entführt mein Herz und rettet es:
Im Fick-Fack-Schweine-Reim der Söldner
Wird es verhöhnt, wird es versaut!

Und ist ihr Knaster ausgeknatscht,
Was soll ich tun, geraubtes Herz?
Es werden Säufer=Arien folgen,
Und ist ihr Knaster ausgeknatscht:
Ich werde Magenhickser kriegen,
Ist erst mein armes Herz geschluckt:
Und ist ihr Knaster ausgeknatscht,
Was soll ich tun, geraubtes Herz?

Mai 1871

Die Hände von Jeanne Marie

JEANNE-MARIE hat Hände, so stark,
Hände, DUNKEL gebeizt vom Sommer,
Hände, BLEICH wie Hände von Toten.
— Sind das Hände von JUANA?

Haben sie je von Wollust=Pfuhlen
sämischen Rahm geschröpft?
Haben sie je in den MOnden heiterer
Abend=Seen gesuhlt?
Haben sie je von barbarischen Himmeln gesoffen,
brav auf reizenden Knien?
Haben sie Zigarren gerollt oder
Diamanten geschoben?
Auf hitzigen Füßen der Madonna haben sie
da Gold=Blüten gefönt?

Schwarzes Blut der BELLADONNA,
das pocht und schläft in ihrer Haut.

Hände, schassen die fette BRUMMER,
blau=gleißend auf dem Weg zum
Nektar=Frühschoppen?

Hände, fällen die Gifte aus?
O!
Was ein Traum ergriff sie in
trancehafter Reckung?
Ein Traum, un=erhört: asiatisch,
khengavarisch, aus Zion?

——— Diese Hände haben nie Orangen verhökert
nie auf Füßen von Göttern gebronzt:
Diese Hände haben nie die Windeln schwerer
augenloser Bäbies gewaschen.

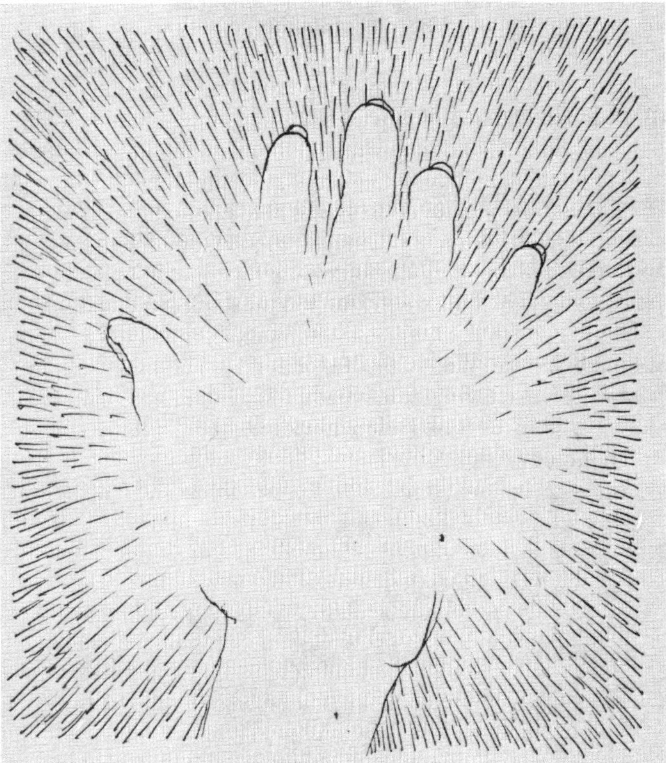

Das sind keine Hände von KUSINCHEN,
nicht von Schafferinnen, denen im Stinkwald
der Schlote eine Sonne, besoffen
von AsFALT, die Fleisch=Stirn brüht.

DAS sind Rückgrat=Zerdengler, diese Hände,
— sie tun nie ein Leids —
sie sind fataler als Automaten,
wuchtiger als jedes Pferd!
RUCKend wie Hoch=Öfen in Aktion,
geschüttelt von Vibration
singt ihr Fleisch MARSEILLÄSEN
und nie: ›Kyrie eleison‹!

DA schnappts euch die Hälse zu, ihr
miesen Weibchen,
das bräch eure Pfoten, ihr
noblen Dinger, eure infamen Hände,
voll Cremes und Lacks.

Der Aufruhr dieser entbrannten Hände
verdreht den Mutter=Schafen das Hirn.
An ihre betörend sich regenden Glieder
heftet die Riesen=Sonne
einen RUBIN!
Ein MAL, wie sonst am Busen erbräunt
ist nun ihre plebejische Zier;
vom Rücken
dieser Hände
pflückt jeder stolze Rebell
seine Küsse!

Sie sind verblaßt, diese wunderbaren
unter den Feuer=Stößen der großen Liebes=Sonne,
auf der Bronze der MITRAILLÖSEN,
überall im Paris der Revolte!
ACH?
ihr gepriesenen Hände
Hände, die nie unsre bebenden Lippen ernüchtern,

bisweilen steckt eure FAUST
in blanker brüllender Kette.

ES geht ein befremdlicher RUCK
durch uns Wesen,
will man euch, Engels=Händen,
die Farbe entziehn
durch AUSQUETSCHEN
eurer
Finger!

Pariser Orgie oder: Paris verpöbelt sich wieder

Schlappschwänze, da habt ihr sie!
Würgt euch aus den Bahnhöfen!
Die Sonne fegte mit Feuerlungen
die Boulevards
wo eines Abends die Barbaren
überschnappten.
Bitte=schön: die hochheilige Stadt,
sie liegt im Okzident!

HOPP! Künftige Feuers=Brünste werden
im Keim erstickt —
Bitte=schön: die Quais Boulevards die Häuser
auf luftigem Azur, das irrlichtert —
eines Abends vom Rot der Bomben
besternt!

Schiebt die abgekratzten Paläste hinter die Bretterzäune!
Der verzogene Tag des Chaos hat
eure Pupillen aufpoliert.
Sieh da, die fuchsrote Schar
der Hüftverheddrer:
Spielt verrückt, was für ein Witz
euch flippen zu sehen!

Meuten brünstiger Hündinnen
Kataplasmen fressend
GOLDhäuser geilen nach euch!
Rafft! PrassT
Es ist die Freudennacht
der tiefen Spasmen
die in die Straße schwemmt.

Weil ihr den Bauch der FRAU durchwühlt
habt ihr Angst, ihre Konvulsion
kehrte wieder, schreiend

in schrecklicher Pressung eure infame Brut
auf ihrer Brust erdrosselnd.

Syphilitiker Irre Könige
Hampel=Männer Bauch=Redner:
Was macht das alles der METZE Paris?
Eure Seelen & Leiber
Eure Gifte & Lumpen?
Sie schüttelt euch AB, griesgrämigen Moder!

Und seid ihr endlich DOWN
greinend über euren Innereien
mit toten Flanken, völlig aufgebracht
eure Piepen reklamierend
dann wird die rote Kurtisane mit
kampfesschwangren Brüsten
— abseits eurem stumpfen Rausch —
ihre wilden Fäuste schwingen!

Als deine Füße noch stampften so wild
in dem Wüten, Paris! Von so vielen Messerstichen
schon getroffen,
als du fielst
hielt sich in
deinen Lichtpupillen der Funken
der Schönheit eines wilden Lenz...

O schmerzensreiche Stadt!
O quasi tote Stadt!

O desolate Säufer, sauft!
Wenn erst das Licht kommt,
dicht und närrisch
an euren Flanken triefenden
Luxus aufwühlt
wollt ihr dann
wortlos, katatonisch
in eure Gläser sabbern und
eure verlorenen Augen in fernen HELLEN suhlen?

Gurgelt: Auf die Königin mit dem
Terrassen=Arsch!
Lauscht dem Trommelfell=Feuer beknackter Hickser!
Hört in den heißen Nächten
meckernde Idioten SÄTZE machen
Knacker Hampler Speichel=Lecker!

Zotige Herzen, franslige Fressen
Macht RABATZ, ihr Jauche=Goschen!
Einen Wein diesen ekligen Krampfern
auf die Tische...
Eure Wänste vor Schande geschmolzen,
ihr Sieger!
Sperrangelweit eure Nüstern dem prächtigen
Brechreiz!
Tränkt mit kräftigen Giften
die Schlingen um eure Hälse!
Auf eure Baby=Nacken die gefalteten Hände
gesenkt, souffliert der Poet:
»Schlapp=Schwänze, spielt verrückt!

Den Kopf und die Doppel=Brust in
die Zukunft geworfen
über deiner Blässe öffnen sich
Milliarden von Pforten
Stadt, die dunkle Vergangenheit adeln könnte:

Körper neu magnetisiert für enorme Pein, du
schlürfst wieder das entsetzliche Leben! Spürst
den Flux aschgrauer Maden in den Venen und auf
deinem hellen Eros Eis=Finger fummeln!

Und das ist nicht schlimm. Die Würmer, die aschgrauen
Würmer, drosseln nicht deinen Fortschritt=Atem,
die Sauger der Stryx löschten nicht das Auge der
Karyatiden, wo Astral=Gold=Tränen aus blauen
Skalen fallen.«

Wohl gräßlich, dich so zugerichtet zu sehen! Nie hat
man aus einer Stadt einen größeren Pest=Schanker

gemacht in grüner Natur. Aber
der Poet sagt dir: »Strahlend ist deine Schönheit!«

Unwetter salbten dich mit äußerster Poesie,
maßloser Aufruhr der Kräfte schüttelte dich.
Dein Werk ist am Kochen,
der Tod grollt. erwählte Stadt!
Massiere das Schrillen im Herz des dumpfen
Klar=Horns.

Der Poet wird den Schluchzer der Aussätzigen fassen,
den Haß der Sträflinge, die Klage der Verschrienen,
seine Liebes=Strahlen peitschen die Frauen.
Seine Strophen
gehn in die Luft! Heran! Heran! Banditen!
—GEMEINschaft, ganz beim alten — die Orgien
schniefen ihr altes Röcheln in den Bordellen —
wie gehabt:

... und die Gaslampen im Delir
an blutroten Mauern
flammen unheilvoll
gegen die fahlen AZUREN!

Mai, 1871

Die Raben

Herr, wenn die Weide voll FROST ist,
wenn in niedergeschlagnen Gehöften die
langen Glocken=Seufzer erstorben
über der gefledderten Natur —
dann laß aus allen Wolken
die RABEN platzen, diese köstlichen Biester!

Entrückte Division messerscharfer Schreie,
frostige Winde attackieren eure Nester!
Ihr, die gelbenden Flüsse entlang,
über Wege verblichner Golgathas
über Gräben, über Gruben
SCHWÄRMT aus, RAUFT euch zusammen!

Zu Tausenden, über Frankreichs Feldern,
wo die Toten von vorgestern schlafen,
KURVT, mit Verlaub, den ganzen Winter lang,
bis auch der letzte Wandrer STUTZT!
So sei der Schrei=Hals unsrer Pf=LICHT,
du unser schwarzer Toten=Vogel!

Aber Heilige der Lüfte, in Eichen=Kronen
 — verlorener Mast am magischen Abend —
laßt die ZAUNkönige im Mai denen,
die am Grund des Walds geknebelt
ins Gras
ohne Aussicht auf Flucht
in bodenloser NiederLAGE.

KARMA Schwestern

Der junge Mann, mit BRILLANTem Auge, bronzener
Haut,
DER strahlende Körper — grad 20 Lenze —
Wenn der erst NACKT flanierte...
dem blühte, die Stirn in kupfernem Reif,
unter Persiens Wonne=Mond
Ein unbekanntes Genie...

UN=Gestüm mit einem An=Flug unschuldig=dunkler Scheu
stolz auf erstes Aufbegehren
jungen Meeren ähnlich, den Tränen
der Sommer=Nächte,
die auf DIAMANT=Betten sich scheuern...

Dem jungen Mann, vor dieser abgrund=häßlichen Welt
SPRINGT
das reichlich aufgebRACHTE Herz —
und EINZIG RISS, bodenlos, äonisch
FASST er sich
und begehrt seine KARMA Schwester...
Aber du WEIB: bloß EingeWEIDE,
Massierung, süßes PfLASTER:
Bist nie die KARMA Schwester, niemals!
Auch schwarzer Blick nicht,
Nicht Schoß, wo rostroter Schatten ruht
Nicht geschMEIDige Finger
Nicht blendend geformte Brüste
sind es...
Blinde, unaufgeweckt und die Pupillen KOSmisch weit,
ALL unser UmARMen ist nur ein F=RAGEN:
DU hängst doch an uns, milchbrust=tragend
Wir wiegen dich, lockende, tiefe Passion...

Dein HASS
Deine starre Fixierung
Deine Hin=Fälligkeit

Und all die Zeit erlittne BRUTalität
Du zahlst uns alles HEIM
O Nacht
ohne Heimtücke
wie ein blutiger Exzeß
AllMONatlicher Strom...

Wenn die Frau, SPONtan geneigt,
ihn SCHRECKT
— Liebe, ImPULS des Lebens und Lied der Tat —
stürmen giftgrüne Muse &
Justitias Fackeln
ihn zu zerfetzen mit
hochgeputschter Obsession...

AH! Stets lechzend nach Glanz und Stille,
im STICH gelassen
von den zwei unversöhnlichen Schwestern
So greint er zärtlich nach dem Wissen
HOLDER Arme:
Er schleppt seine blutige Stirn
zur blühenden NATUR...
DOCH die Schwarze Magie, die frommen Studien
sind dem Verletzten ZUWIDER
in seinem dunkel wissenden Stolz:
Er spürt gnadenlose Ein=Öden
ihm näher=rücken...

DANN noch immer strahlend schön
den Sarg nicht verschmähend
MAG er unendlichen Skalen folgen
MASSlosen Träumen & Fährten
durch alle Wahrheits=Nächte hindurch
DANN krank an Seele & Gliedern,
MAG er dich anrufen
O Tod voller Rätsel/
O KARMA Schwester!

Juni 1871

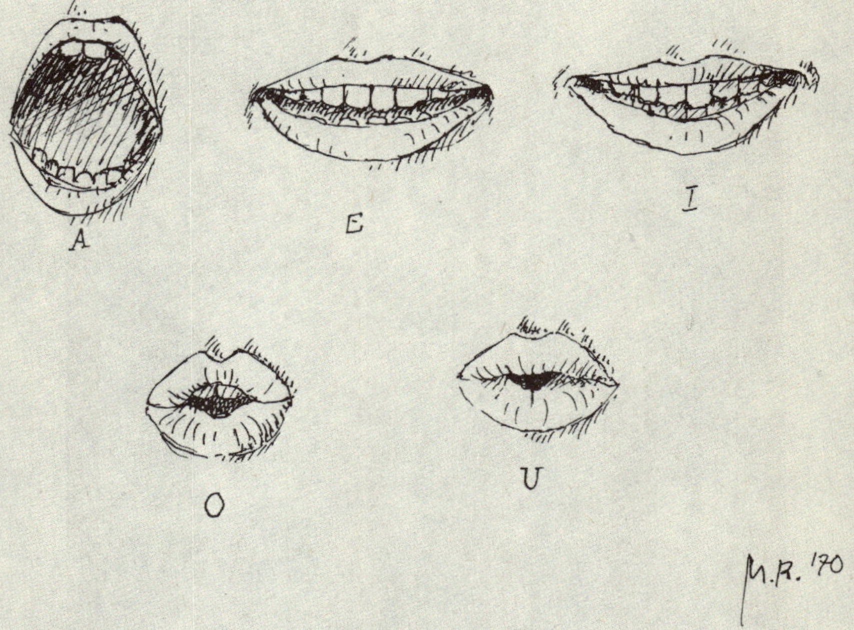
A
E
I
O
U
M.R. '70

Selbst=Laute

A schwarz, E weiß, I rot, U grün, O Blau: Selbst=Laute:
ich will bei zeiten eure geheimen Ur=Sprünge sprechen:
A zottig=schwarzes Korsett aufglänzender Fliegen
die Pestflat=Greuel umbrumsen
Schatten=Sunde

E Zelte & Dämpfe kristallin
Lanzen stolzer Gletscher blanke Monarchen
Schüttelfrost der Dolden

I purpur Blutsturz Wiehern holder Lippen im
Zorn oder penitenter Trunkenheit

U Zyklen göttliches Vibrato virider Meere
Friede beviehter Fluren Friede der Furchen
von der All=Chimie in große forschende
Stirnen gedrückt

O Äußerstes Klar=Horn voll fremdem Schrillen
Stillen durchkreuzt von Monden & Engeln:
—O du Omega violettes Licht=Rad ihrer
KrYpton=IRIS!

der stern hat rosa geweint
im herz deiner ohren

das unEndlichE rollte blank
von deinem NACKen
zu deinen NIEren

das mEEr perlte rötlich an
deine purpurzitzen

& der mann blutete schwarz
an deine souveräne WEICHE

Der Auf=Rechte

Stracks stand der Auf=Rechte auf soliden Haxen:
ein Licht=Strahl vergoldete seine Schulter; mir brach
der Schweiß aus:
»Du willst die rot=geilen Kugelblitze rollen sehn?
Und im Stehn ins Gemurmel menstruierender
Milchsterne und schwärmender Asteroiden horchen?
Deine Stirn ist vergrätzt von deinen nächtlichen Faxen,
du Auf=Rechter!
HEIMs dir ein Dach ein.
Sag dein Gebet auf,
beiß in dein sanft entsudeltes Laken und wenn
so ein Ent=Wurzelter gegen deine Pforte donnert
sag: ›Bruder, geh weiter, ich bin INVALID!‹
Und der Auf=Rechte blieb standhaft, bläulich geblafft wie
ein RASEN, nachdem die Sonne abgekratzt ist:
»Na, würdest du deine Knieschoner verscheuern,
Tatterich?
Du heiliger Streuner! Schnulzer aus Amorika!
Flunsch am Ölberg! Die Flossen von Mitleid behandschuht!
Zottelbart der Familie und nackte Faust in der City!
Dein Glaube: so mild; dein Herz: geplumpst in den
Meßwein
in Majestät, Anstand, Liebe und Blindheit,
Auf=Rechter! Kein Mist=Stück ist dümmer und
abgeschmackter!
Ich bin es, der leidet, der revoltiert!
Zum Totflennen, zum Kranklachen ist das, du sturer Bock,
dein berühmter HOFFNUNGS=TROPFEN der Vergebung!
Ich bin verschrien, du weißt! Ich bin besoffen, irre
und bleich vor SUCHt; dein FALL!
Ab in die Falle, Auf=Rechter, wir sehns!
Dein Krampf=Hirn lockt nicht die Bohne!

Du liegst so VERDAMMT richtig, so RICHTIG!
        Schluß damit!
Deine Innigkeit, dein klarer Geist, die schnauben
doch des Nachts wie POTTWALE!
Setz dich doch auf Steckbriefe und
zerfranse deine Jauner=Schnauze
über gräßlich zerschmetterten Schnapp=Hähnen!
Und Du bist das AUge GOttes —— FEIG!
Drücken auch diese göttlichen Füße Eisblumen
auf meinen Hals, FEIG bist du!
Und dein Kopf starrt vor NISSEN!
Sokrates und Jesus, Heilige und Auf=Rechte — zum
Kotzen!
Achtet den bis aufs Blut VERSCHRIENEN der
Nächte!«

Ich habe dies auf die Erde gebrüllt. Und
die stille und weiße Nacht bezog
die Himmel während meines Fiebers.
Ich hob den Kopf: das FANTOM war geflohn,
und mit ihm die unerbittliche Ironie meiner Lippen...

Nachtwinde, besucht den Verschrienen! Sprecht ihn!

Indes schweigend unter azurnen Pilastern
ausfädelnd die Kometen=Bahnen und Knoten des Alls
in gewaltigem Aufruhr ohne Desaster
der kosmische PLAN
Schiffchen der ewigen Wacht an Licht=Himmeln —
von seinem glutigen Schleppnetz
schuppen sich die Sterne!

Mensch, soll er Leine ziehn, die Gurgel beschlipst
mit SCHAM, rührig widerkäuend MEINEN Überdruß —
süß wie Zucker in kariöser Fresse.
So wie sich die Hündin, von stolzen
WAUWAUS besprungen, die Flanke leckt
wo ein Darm=Ende raus=pendelt.

Soll er nur seine KARITATIVE Fortschritts=Schmiere
verbraten....
Ich speie aus
auf die Augen all dieser geschwollnen Chinesen.
Dann singt er: NANA
wie wenn ein Haufen Kinder kurz
vorm Sterben
idiotisch süß improvisierte:

O Aufrechte!
Wir KACKieren in eure steinguten Pott=Wänste!

Was dem Dichter zu sagen ist in puncto Blumen

Für Herrn Theodor de Banville

I

So & auf immer
  ins geschwärzte Azur deines Abends
  — bis das Topas=Meer wackelt —
funGIEREN die LYlien,

    diese Klystiere der Ekstase!
      In unsrer sago=haften Epoche
      wo selbst Pflanzen werktätig sind
      wird die LYlie den blauen Abschaum
      deiner religiösen Prosa saufen!

——Die LYlie des Herrn Kedrel
  — Minnesänger=Aufguß von achtzehn dreißig —
diese LYlie hängt man dir ins Knopf=Loch
mit Nelkentusch & Tausendschönchen!

      Die LYlien! Die LYlien! Wo stecken sie nur?
      Aus deinen Versen wie aus Hemds=Ärmeln
      sündiger Tripplerinnen schüttelst du sie
      alle Tage, diese weißen Blüten!

LYBSTER, Ymmer wenn du ein Bad nYmmst
bläht sich dein Hemd mit den blonden
Achseln in der Morgenbrise
über diesen lausigen VERGYSSMEIN=NICHT!

      Unter deiner Fuchtel passiert die
      Liebe höchstens als Flieder — oh wippdich —
      & als Veilchen vom Walde, die
      sind süßer Spotz schwarzer Nymphchen!...

II

OOOOO Ihr Dichter hättet ihr nur die
ROOsen, diese aufgeblasnen ROOsen
ROT auf Lorbeer=Stielen
& tausend verquollne Oktaven!

Banville zerflockt sie
— Blutgespucke & Schneegestöber —
und bläut dem das Glotz-Auge, der nicht
firm in bös erbaulicher Lektüre!

Eure Wald= & Wiesen=Flora,
Ihr Unschulds=Foto=Grafen,
ist kaum ausgefallner als eine
Runde Karaffen=Stöpsel!

Immer noch im Programm: Frankreichs
Pflänzchen,
grantig, schwindsüchtig, lachhaft,
wo der Bauch der DACKEL durch=schifft
im Dämmerungs=Frieden!

Immer noch, nach greulichen Ent=Würfen,
blauer Lotos & Helianthen:
Stiche in Rosa, frommer Stoff
für die Erst=KommuniKANTEN!

AKOKA=Ode quakt im Quadrat wie
Schnepfen=Arien aus dem Fenster=Rahmen;
und pfundige Schwärmer mit Schmiß
kacken aufs Narzissen=Parkett.

Kräuter=Muff & Zottel=Kram!
OOO Ihr vegetarischen Kräcker!
Bizarre Blüten verstaubter Salons!
Gut für Maikäfer, aber nicht für VIPERN!

Diese flennenden Pflanzen=Schnuckler
von Grandville aufgepäppelt
mit Farbe gesäugt von bissigen Sternen
im Visier!

NaTÜRlich, euer Piepen-Gebafle
produ=ziert hochkarätige Glucosen!
Haufen frittierter Eier in alten Hüten,
LYlien, Akokas, Flieder & Rosen!...

III

OOO blanker Jäger, pirschend oohne Socke
durchs PANISCHE Gras,
solltest du nicht deine
Botanik etwas aufpolieren?

Ich fürchte, deinen roten Grillen schiebst
du einfach Kanthariden hinterher
& dem Gold des ORINOKO das Blau des Rheins —
kurz: Florida kommt gleich nach Norwegen:

Aber echt, Herzchen, Kunst ists heute
nicht mehr — für wahr —
dem kolossalen EUKALYPTUS
hexametrisches Boa=Kringeln zu erLAUBen —

EH?... Als ob die MAHAGONYS, selbst in
unserm GUAYANA nur den
Rollschwanz=Affen=Zahn=Kaskaden dienten,
im schweren Wahn der Lianen!

——————Summa summarum: wirft irgendeine BLUME,
Rosmarin oder LYlie, frisch oder trocken,
ebensoviel ab wie Möwen=Scheiße?
Wie ein einziger Kerzen=Erguß?

—— Und jetzt ist gesagt, was ich wollte!
Du, selbst dort unten hingehockt
in ein Kabuff aus Bambus — Schotten
dicht, braune Perser als Wand=Behang —

läppertest dir doch nur Geblümtes zusammen,
wies einer mondänen Meuse stünde!...
——Dichter! Solch grundlose Arroganz
bringt mich zum Prusten!...

IV

Geh mir weg mit Frühlings=PAMPas,
schwarz vor entsetzlichen Revolten!
Aber die Tabake & Baumwoll=Plantagen!
Red von exotischen Ernte=Erträgen!

Red Bleich=Gesicht, von Phöbus gebeizt,
von den DOLLARS, die Pedro Velasques,
Havanna,
einsackt pro Jahr;
Kack auf den Golf von Sorrent

Wo tausende Schwäne ziehn.
Mach Propaganda in deinen Strophen
für die Rodung der Mangroven,
wos von HYdras & Lamien wimmelt!

Dein Schüttel=Reim tauche ins blutige Gehölz,
um der MENSCHHEIT zu unterbreiten
diverse Sujets in Zucker,
BRONCHIAL=Tee & Gummi!

Sag uns: Rührt das Erblonden schneeiger
Piks in den Tropen
von eier=prallen Insekten oder
mikroskopisch kleinem Algen=Geflecht?

Find doch, Jäger, gefälligst
solch aromatischen KRAPP
auf daß Natur=Rot hochschießt
in den HOsen unsrer Infantrie!

Find an den Rändern verpennter Wälder
BLUMEN, denen wie Kuhmaul=Schlabber
goldnes Shampoo abgeht —
für die Frisuren dunkel getönter Büffel!

Finde im Toll=Gras, im Ätherblau
silberne Pubeszensen zittern
KELCHE mit feurigen Eiern gefüllt,
siedend in all den Essenzen!

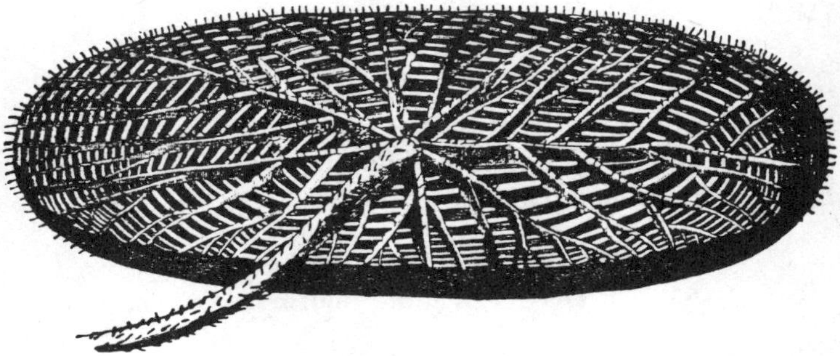

Finde Distel=Bolzen aus Baumwolle,
woran zehn glutig glubschende Esel
sich beim Abspulen rackern!
Finde Blumen zum Drauf=Hocken!

Ja find im schwarzen H=erz der Flöze
fast versteinte Blumen — wie famos —
in deren blondem harten OVAR
DRÜSEN zu DRUSEN montiert sind!

Servier uns, ausgekochter Kaspar,
auf goldgebeiztem Tablett
süffiges LYlien=Ragout,
das frißt unsre Alpaka=Löffel!

V

Einer wird die Große Liebe sagen,
Dieb der dunklen Nachsichts=Energie:
Doch kein Renan, kein Kater Murr
haben die thYrsus=blauen Kosmen erspäht!

Gib DU uns Stupiden zu schnüffeln
bis wir swingen vor HYsterie —
Treibs auf die Spitze mit uns
zu Hitzen hitziger als jede Marie...

Händler, Pflanzer, Medium!
Dein Reim, rosa oder weiß,
wird hervorschießen wie ein Sodium=Strahl,
wird wie Kautschuk versprühn!

Aus deinen schwarzen Poemen, Jongleur,
— weiß, grün, rote Zerrspiegel —
steigen Blumen so STRANGE
& elektrisch geladene Schmetterlinge!

Ha! Das ist das Jahrhundert der Hölle!
Und die Telegrafen=Masten werden
mit Gesängen vonder Draht=Lyra deine
wunder=vollen Schulter=Blätter zieren!

Mach dir vor allem einen Reim
auf die Räude der Kartoffel!
—— Und zur Komposition solch
mysteriöser Poeme
— Pflicht=Lektüre von Trier bis Panama —
Greif zu den Bänden von Herrn Figuier,
mit vielen Abbildungen,
verlegt von Herrn Hachette!

Alcide Bava (Herkules Spotz)
A.R.
14. Juli 1871

Erstes Abend=Mahl

I

wirklich tierisch, diese dorfkirchen,
wo 15 picklige knirpse die pfeiler verschmieren
und einer schwarzen schießbudenfigur lauschen,
die göttliches geschwätz brabbelt und mit den füßen
stinkt: aber die sonne weckt, quer durch die belaubten
Büsche
brechend, die alten farben schlecht
gefugter scheiben auf.

steine riechen hier prinzipiell nach Mutterboden.
ihr könnt diese erdkiesel haufen=
weise im ganzen land sehen, das in brunst liegt &
pompös rauscht.
es trägt die schwarzen saatfelder an den
ockrigen pfaden, die verbrannten kräuter, wo die
schlehe bläut, & büschel von schwarzem maulbeer
und wilden rosen.

alle 100 jahre gedenkt man dieser respektablen scheuern
durch ein tünschbad blauen wassers & dicker milch:
wenn groteske mystizismen ins auge stechen, z. b. an
Unserer Lieben Frau oder an den aus
gestopften heiligen.
dann feiern die fliegen kirmes in
diesen kaschemmen & ställen:
torkeln über die sonnverschmierten böden,
besoffen vom bohnerwachs...

das
kind gehört dem haus, der sippschaft,
idiotischen nachgehereien & verblödend anständiger arbeit.
es kommt grad
aus der kirche & vergißt schleunigst, daß es
da noch juckt, wo der diener kristi seinen
machtdaumen hatte. man blecht dem pfaffen
eine schattige laube, damit er all diese gesichtchen
in der sonne schmoren läßt...

das erste schwarze wams, der allerschönste
freßtag unterm napoleonbild oder dem kleinen
trommler, irgendwelchen x=beliebigen abzieh
bildchen, wo geile josefs & marthen sich die zungen
rausstrecken. dazu gesellen

sich am ersten schultag zwei land
karten: diese einsam=süßen stücke sind souvenir an diesen
aus
gefallenen tag.

die gören stiefeln noch immer
kreuzbrav zur Kirche: daß die burschen sie
schickse nennen, schmeichelt ihnen stark.
die geben sich derweil, nach meß' oder andacht,
ganz verblasen. und wen das geschick zum schmiß
der kasernen rief, verhöhnt im café, im neuen
anzug, das establishment & gröhlt schandgesänge.

während der pfarrer den kindchen ihre bildchen aus
sucht: in seinem gehöft, nach der andacht, wenn die
luft vom näseln des tanzes schwanger ist...
er schnuppert was, mißachtet alle himmlichen demarchen:
die zehen fangen an zu kribbeln, und es flattern
die waden... die nacht kommt, schwarze piratin,
segelt aus goldnen himmeln ein...

II

aus seinen katechisten, schäfchen der vor
orte & reichenviertel, hat der priester sich
dieses kleine unbekannte mädchen mit den traurigen
augen & der gelben stirn herausgepickt.
die eltern sind sowas wie biedere pförtner.
»am großen tag, sie über alle erhebend, wird gott
auf diese stirn seine gebene
deitheiten schneien lassen.«

III

in der nacht vor dem großen tag fühlt das kind sich
hundeelend, wie es nie schlimmer in dieser hohlen
kirche mit ihrem leichenbittren raunen war.
das fieber steigt... das bett wär gar nicht fade...
ein zyklischer schüttelfrost: »ich sterbe...«

und als hätte aus liebe sie ihre stupiden schwestern
hintergangen, leiert sie, ganz matt, hände am herzen,
die namen der engel & jesusknaben herunter, samt seiner
nitiden jungfrauen. derart sediert, hat ihre seele
ihren überwinder ruck zuck verschluckt.

Adonai!... Im singsang lateinischer verse badet eine knall
rote stirn im grün=moirierten himmel; und große schnee
linnen, mit dem unschulds=blut himmlischer brüste bespritzt,
fallen auf die sonnen!

gegenwärtige & zukünftige jungfräulichkeit dermaßen
garantiert, läßt sie sich die kühlen deiner huld gefallen.
aber wasserlilien & bienenhonig sind nichts gegen das
EIS deines verzeihens, oh königin von sion!

IV

dann ist die jungfrau bloß noch literatur!
auch die mystischsten aufschwünge machen manchmal
schlapp...
es kommt die armut der bilder, die sollen die leeren
verglitzern: unzumutbare abziehbildchen &
altes holzgetäfel...

vag angegeilte neu=gierden erschrecken den
traum von keuschen bläuen: verduzt verharkt er sich
an den himmlichen linnen=tuniken, mit denen jesus seine
blöße kaschiert.

trotz allem, sie will, will, die schmachtende seele,
gesichtchen im kissen, das schon ganz verbeult von
gedämpften schreien, aus=kosten die erhabenen gewitter

der zärtlichkeit, sie geifert... —
schatten fallen auf häuser & höfe.

und das ist das ende des kindes: es bäumt sich,
wölbt den leib, und mit einer hand öffnet sie die
blauen jalousien, um ein wenig die frische luft des
raums unter die decke zu lassen: an bauch & brüste,
die wie feuer brennen ...

V

als sie erwachte — mitternacht —, war das fenster weiß.
vor dem blauen schlaf der mondbeschienenen gardinen
führte ihre vision sie zur unschuld des kommenden sonn-
tags. —
sie hatte rot geträumt: sie blutete
aus der nase. —

und keusch & schwach genug, ihre wiederkehrende
gottesliebe neu zu kosten, überfällt sie durst nach
der nacht, wenn das herz sich hebt & senkt —
und nur die wissenden augen des himmels hinblicken ...

sehnt sich nach der nacht, unberührbare jungfrau=mutter,
die all den jungen aufruhr in ihr graues schweigen taucht;
durst nach der wilden nacht, wo ihr blutendes herz ganz
allein seine stumme revolte verströmt.

als opfer & als kleines weibchen: so sah sie ihr stern!
eine kerze zwischen den fingern
zum hof hinabsteigen, wo grad eine bluse trocknet,
weißes gespenst, und all den schwarzen
nachtspuk von den dächern wischen...

VI

sie verbrachte ihre heilige
nacht auf der latrine. auf ihre kerze fiel durch die dach
spalten weiße luft — & ein besoffner weinstock mit pur
purroten flecken, der sich über den benach=barten zaun
erbrach.

die dachluke schnitt ein lebendig schimmerndes herz in
den hof, wo tiefe himmel die scheiben mit kitschgold
beschmierten. auf dem pflaster, das nach spülicht stank,
lastete der schatten der mauern, die gerammelt
voll von schwarzem schlaf.

VII

wer nennt dies liebesgeschmacht, diese arme geilheit?
wer sagt den haß, mit der man sie traktiert? ihr verrückten
schweine, ihr verscHANDELT in gottes nAMEN noch
immer
die welten, wenn lange schon aus=satz
diesen süßen leib zerfressen hat!

VIII

und wenn sie, von all diesen Hysterie=Knoten geBUNDen,
durch die tristen paradiese mitten in einer million
weißer madonnen den geliebten träumen sieht, morgens
nach der liebesnacht — was für ein irrer schmerz!

»weißt du, daß ich dich opferte? ich raubte deinen
mund, dein herz, alles, was MAN, was DU hast.
und ich bin faul: ach! ich will, daß man mich zu
den toten schmeißt, von den gewässern der nacht genährt!

ich war noch so jung, da besudelte krist meinen atem.
sein ekel hat mir den hals verstopft! du küßtest mein haar,
tief wie wolle, ich ließ es zu ... ach! GEH! das behagt nur

euch männern! euch macht es nichts aus, daß die
kleine geliebte in erinnerung an die gemeinen schrecken
die größte hure & die größte leidende ist, und all unser
verlangen nach euch ist nur ein mißverständnis!

denn mein erstes abend=mahl ist schon längst passé.
deinen küssen bin ICH nie begegnet: und mein herz & mein
fleisch, von deinem
fleisch umarmt, wimmelt von den Kuß=Maden dieses Jesus!«

IX

dann spürt die faule & verdorrte seele wie hagel
deine flüche prasseln. beide betten sie sich auf SEINEM
intakten haß, leidenschaft mit TOD vertauscht.

krist! oh krist, ewiger dieb der kräfte,
kranker gott: du hast vom schmerz der frauen
— am boden genaGELT, von scham & migräne zerrissen —
seit 2000 jahren verflucht
gut gelebt!...

Juli 1871

die läu:se:SU:cherinnen

kaum taucht das haupt des kinds, voll rotem aufruhr
flehend ins weiße f:locken
unge:fähren traums
umstehn sein bett zwei große schwestern, ZAUberisch
mit düRRen fingern,
NÄgel silbern:
sie rücken das kind sich hin
ans fenster:kreuz
wo schwälle
blauen o:zons den blumen:wust
baden
und durch die schweren haare, wo
der TAU hinfiel
streifen ihre schmalen finger, scharm und schauder

er horcht ihrem a:tem wie er ängstlich singt
und rosen:nektar:seim ausstößt
über ihn
es unter:bricht bisweilen:
schNIEfen, speichel wieder ein:
gesogen oder
der drang zu kü:ssen
er hört ihre schwarzen WIMpern klaPPen
in dieser stille
aus duft; und ihre finger, elektrisch und süß
getaucht in seinen grauen gleich:mut
unter nägeln, königlich
da kNIRscht
der tod der kleinen läu:se

schau wie ihm steigt wein der FAUlenzia
har:monica:geseufze bis zum ü:berschnaPPen
im tran der lieb:kosung fühlt
das kind wie un:ab:lässig
schWILLt, erstirbt
der wunsch zu weinen

Das trunkene Schiff

.... hin=ab fuhr
ich abweisende Ströme da
fühlt ich mich LOS vom Gängeln
der Treidler:
gellender Rothäute Zielbrett
geworden hingen DIE
an farbige Pfähle genagelt
splitter=nackt

Was scherte mich an Bord die Bagage
trug Korn aus Flamen oder
englisches cotton ———
mit dem Ab=Gang der Treidler war dies Tratschen
geSTOPPT
und die Ströme ließen mich treiben
wie ich WOLLTE....

Im Aufpeitschen der Gezeiten=Furien
ICH, der andere Winter, bockiger als Kinder Hirn
ich preschte los! Und aus=gerissne Penin=SUHLEN
überfuhr nie
trium=fahleres ToHUwaBOhu

Der Wolken=Bruch weihte mein maritimes Erwachen —
Tanzte flotter als ein Pfropf auf den Fluten
›Ewige WALZ der Ersoffnen‹ gehießen
ZEHN NÄCHTE: nicht lockt
des Ufers Armleuchter=Stieren!

MEHR Genuß als Kindern
beim so gewissen Biß in den Apfel
wenn das grüne Naß in meine Nußschale
schoß
und das Gesudel von blauem Wein
und Kotze mir wegWUSCH —
Steuer und Draggen zerspritzten...

Von NUN badete ich im Poem des Meers
Astral=Infusion molkenreich
verzehrte die grünen Azuren wo
bis=weilen
— bleich=entrücktes Schwimmsel —
ein Er=Trunkener
durchsinkt
voll Gedanken...

Wo STRACKS die Bläuen umkippen
vom geilen Zunder des Tags
— träg delirierende Rhythmik —
geballter als ALLkohol
umFASSender als unsre Poesie
zu bittren Brand=Röten
der Liebes=Gärung!
Ich kenne
die Himmel spliTTernd im Blitz
und die Tromben und Brecher und Priele
: Ich kenne den Abend, die Früh
aufgekratzt
wie ein Schlag Tauben
und sah mitunter was
dem Menschen schierer Wahn!
Ich sah die NIEdere Sonne
von mystischem Horror befLECKT
gezogne violette LameLLen iLLuMINIEREN, die
WeLLen
als waLLten hochgradig antike Mimen
roLLend zu knitternden Peripherien!
Mir träumte:
die grüne Nacht mit schnee=blinden Firnen
Kuß, zögernd sich hebend
zu den Augen des Meers
die Zirkulation un=erhörter Säfte
und der gelbe und blaue Wink
zwITschernden Phos=phors!

Ich folgte Monde über
den Seen
gleich hYsterisch durchtriebenen Kühn
zum Bocken auf Riffe sprengend...
DACHT nicht
die Leucht=Sockel der Küsten=Marien
könnten dem keuchenden OzeAN
die Schnauze polieren!

Ich stieß, sage & schreibe,
auf sur=reale Floriden wo
Blumen im Augen=Aspik menschenhäutiger PANther —
Regen=Bögen wie JOCHE unter
die Meeres=Decke gezogen für
das grau=grüne Seevieh...

Sah Maische enormer Moräste schieben
Reusen im Schilf, wo GAR ein
ZYKLOP ver=jauchte
Stürzende Wasser in Wetterlöchern
und klaffender Fernen Katarakte...

Eisberge, Sonnen aus Silber
flüssiges Perlmutt, Lava der Himmel!
Gräßliche Havarien am Grund brauner Golfe
RiesenSchlangen von Wanzen zerfleischt
FALLEN
von gichtigen Bäumen —
unter finstrem GeRUCH!

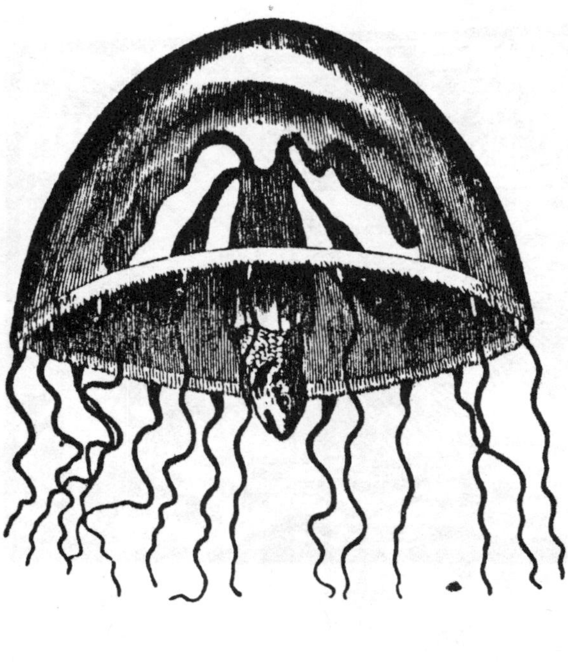

WIE gern
hätt ich den Kindern diese DORADOS
der blauen Flut gewiesen:
diese Gold=BRASSEN, diese singenden Fische...
Auf blühenden Schaum=Bergen schaukelnd
riß ich aus
und flugs flügelten mich unsägliche Winde...

Mitunter geschlaucht: MÄRtyrer
der Pole und Zonen
reichte mir das Meer — sein Schluchzen war mir
süße Matte —
seine Schattenblumen hoch
gelb geschnorchelt ———
UND ich verhielt mich
wie eine Frau auf Knien...

Ei=Land fast, kollerten auf meinen Borden
die Querelen und Schisse
blond=äugiger Kreisch=Vögel.
Und ich schwamm dahin....
Er=Trunkne sackten durch
meine schwachen Spanten
steißwärts, Ruhe suchend...

Und ICH: verfranstes Schiff
im Dschungel der Buchten
vom Hurrikan in den vogel=freien ÄTHER
gepustet.
ICH gerupfte Barkasse im Wasser=Suff — keine
ESPERANZAS, keine Schoner der HANSE hätten
mich aufgefischt———

FREI
dampfend
von violettem Nebel gehievt
ICH, der die Himmels=Mauer durchbrach, rot=brandige
WAND als klebten dran

Sonnen=Sperma & Sphären=
Schnodder,
die Lieblings=KonfiTÜRE wackrer Poeten

Ich wetzte — irre Planke —
von elektrischen LUNULEN betatscht
in schwarzer Seepferd=Eskorte
als die JULIS im Hand=Streich der Knüttel die ultra=
MARINEN Himmel
in Glut=Trichter stürzten
ICH schloTTernder Seismograph der 50 Meilen weit
geifernden Brunft massiger
Maelströme & Behemots
Ewiger Spinner der blauen KataTOnien —
Mich dauern Europas überholte Brüstungen!

Ich sah Sternkreis=Archipel! Und torkelnde
Insel=Firmamente, dem Triftenden offen:
Ists in
diesen Nächten ohne GRUND, wo du
schläfst, dich bannst
Millionen=Goldvögel=Energie der Zukunft?

Aber Wahr! Zuviel geflennt!
Diese Frühn sind Stachel!
Jeder Mond ist ein Herzausreißer
und jede Sonne bitter:

Die Säuren der Liebe blähten mich in stocksteifem Suff,
O daß mein Kiel zerSCHMETTRE
O daß michs TREIB ins Meer!

WÜNSCHTE
ich ein Gewässer Europas so wärs die
LACHE, schwarz und kalt, wo in der Dämmrung
Balsam ein Kind kauert, trauervoll
und ein Schiff los=läßt,
schwach wie ein Falter im Mai.

Ich kann nun nicht mehr,
umspült von eurem Langmut, Wellen,
in der Gischt=Bahn der Kattun=Frachter
ziehn
NICHT kreuzen im Stolz der Fahnen &
Flammen
NICHT steuern unterm schaurigen
Augen=Schlitz der Pontone....

Neue Gedichte & Gesänge

. . . . was macht uns das mein Herz
die Teppiche von Brand & Blut
die Tausend Morde,
die langen Schreie der Wut,

aller Höllen Seufzer
umstürzend alle Ordnung —

und der Nordwind noch immer über den Trümmern?
und unbändige Rache? — NICHTS!...

aber ja! noch immer
und mit voller Kraft!

Kapitalisten Könige Parlamente: Krepiert!
Gewalt Gesetz Geschichte: Kratzt ab!
Das steht uns zu: Blut! Blut!
Die Flamme des Goldes!

Alles für die Rache, Terror & Krieg!
Mein Geist: Rühren wir im Bißloch:

Ah! Verendet: Republiken dieser Welt!
Herrscher Heere Kolonisten Völker:
es REICHT!

Wer rührt auf die Strudel wüster Feuer?
Wenn nicht WIR und die als Brüder wir uns denken!
Zu uns, ihr schwärmenden Freunde:
Es wird euch gefallen:
Wir werden nie mehr arbeiten! FEUERFLUTEN!

Europa Asien Amerika: versackt!
Unser Rachezug hat alles besetzt,
Städte & Länder!

Und wir: Zerfetzt
wenn die Vulkane bersten
und das Meer gepeitscht...

Ach! Meine Freunde! — Mein Herz,
sei gewiß: Brüder sinds,
schwarz & fremd:
wenn wir erst los gehen: auf & davon!

Oh Hölle!
Ich fühle mein Beben,
die alte Erde...

auf mir...
und immer mehr auf euch...
Die Erde zerbröckelt...

Es ist nichts!
Ich bin da!
Ich bin immer da.

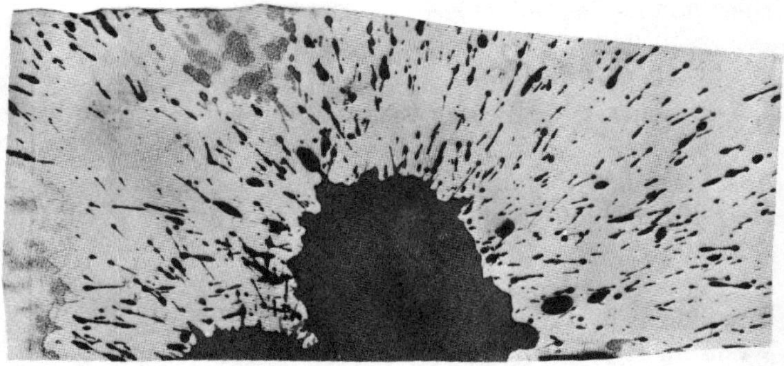

Weinen

fern von   vögeln herden dörflerinnen
trank ich   ins Erika gebückt
im schwülgrünen spätmittagsdunst
von zärtlichen haselgerten
umschwänzelt

trank ich...   na was schon!

in dieser jungen Oise
stimmlose ulmen
flur ohne blumen
himmel bedeckt
was zapfte ich aus meiner kalmus=kalebasse?
goldwasser, fade & schweißtreibend!

dergestalt
hätte ich jede kneipe zu schanden geworben...

dann wechselte ein gewitter
die himmel bis zum abend:

schwarze zonen/ seen/ stangen/
kolonnaden unter blauer nacht/
bahnstationen/

waldwasser sickerte in jungfern=heiden...
wind warf vom himmel hoch
eis/splitter in die lachen...

GOLDig!
wie ein muschelfänger/goldfischer
nicht mal ums
TRINKEN
geschert!...

Mai, 1872

Der Brombeer=Strom

Der Brombeer=Strom rollt so verloren
durch geWunderte Täler
In seiner Bahn ein Chor von hundert Raben
gelungnes wahres Organ
von Engeln:
Und der Tann gerät in mächtigen Aufruhr
wenn Turbulenzen nieder=
fahrn...

Alles ROLLT
im Aufbegehren der Mysterien
längst verflossner Lande
heim=gesuchter Hoch=Burgen
imponierender Parks
:
in diesen
ZONEN
erhorcht man die erloschnen
Passionen verstiegener
Ritter
: ABER wie heilsam ist der Wind!

Der Passant, solchen Durch=Blicken offen:
was hat der Auftrieb!
Soldaten der Forsten
Kuriere des Herrn
Köstliche Raben=Biester ihr:

Scheucht den verschlagenen Pächter
der mit erhobenem
Knorz zupROSTET...

Mai 1872

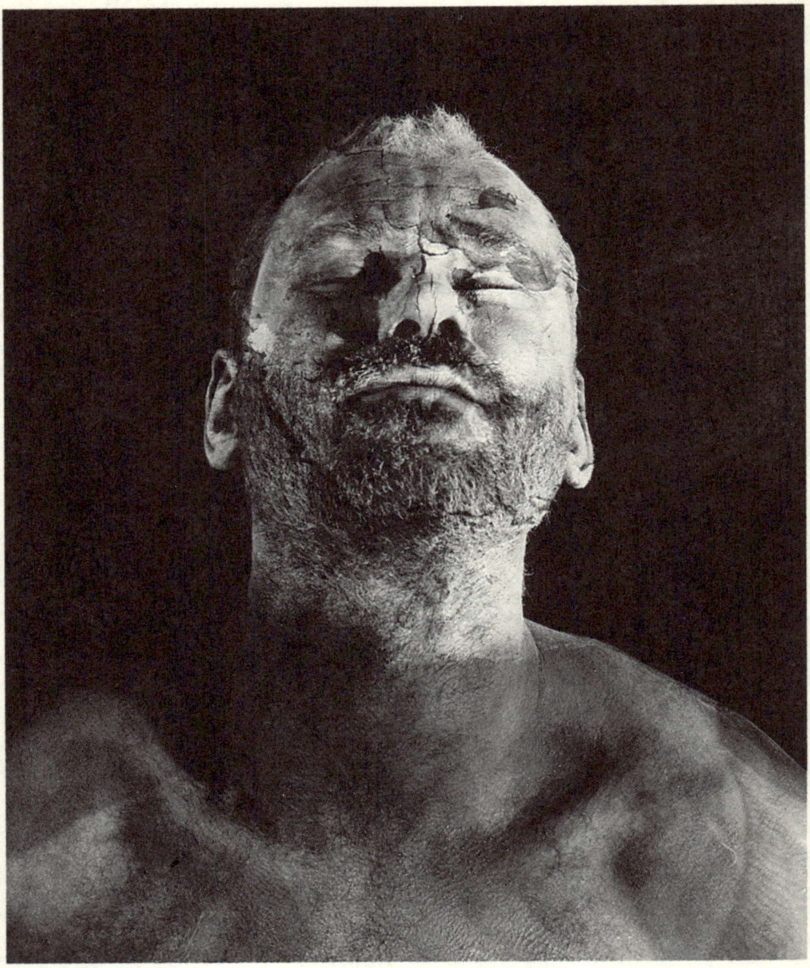

Komödie des Durstes

1. Die Eltern

Wir sind deine Groß=Eltern,
die Großen!
Beschlagen mit kaltem Mondschweiß
und Kohldampf.
Unsre trocknen Weine hatten Flamme!
Ohne FLACHS — Was soll der
Mensch unter der Sonne? ————— SAUFEN.

ICH. — Über barbarischen Flüssen verrecken.

Wir sind deine Groß=Eltern
von den Feldern.
Das Wasser ruht im Weiden=Grund:
GUCK im Graben fließts
rund ums
pitschnasse Schloß.
Kummscht in de Keller runner —
dann Milch und Viez.

ICH. — Hingehn, wo die Kühe trinken.

Wir sind deine Groß=Eltern,
schluck, sei kein Frosch,
die harten Sachen in unsren Schränken.
Tee, Kaffee, ganz Rares
bullern schon in den Kesseln.
GUCK
die Bildchen, die Blumen,
mir kumme vom Friedhof.

ICH. — AH! Die Urnen trocken=legen!

2. Der Geist

Unsterbliche UNdinen
  teilt das feine Wasser.
VENUS, Schwester des Azur
  reize die reine Flut.

Unstete Juden von NORWEGEN
  erzählt mir den Schnee.
Verbannte Freunde alter Zeit
  erzählt mir das Meer.

ICH. —WEG mit diesen puren Gesöffen,
  Elite=WÄsser aus den Gläsern.
Nicht Fabeln und Figuren
  stillen meinen Durst.

SÄNGER, dein Schützling
  ist mein Durst so irre
innere Hydra ohne Maul
  die wühlt und verWÜSTet.

3. Die Freunde

RAN! Weine beklatschen die Küsten,
  Millionen flotte Wellen!
Schau wie der Enzian=Bitter
  von den Bergspitzen hoppst!

Laßt uns probate Pilger den
  Fusel=Tempel erpirschen
    mit grünen Pilastern...

ICH. — Schluß mit diesen AusfLÜGEN.
  Was ist schon der SUFF, Freunde?

  Dann doch EHEr gar möcht ich
  im Tümpel moddern,
  unter haarsträubender Grütze,
  flottierenden Wäldern nah.

4. Der Arme sinniert

Vielleicht daß mich ein Abend
erwartet,
den ich beschaulich vertrinke
in altersgrauer Stadt,
STÜRB dann, glatt und zufrieden:
WEIL ICH AUSGEHARRT HAB!

Wenn mein Übel aufgibt
Wenn ich je GOLD in den Fingern hätte
ging
ich da in den NORDEN
oder ins Land der Reben?...

PAH! Sinnieren ist ohne Würde!
Und nur purer Verlust!

Und wär ich wieder der ALTE
Stromer —
NIEMALS könnte
mir wieder
die grüne SCHENKE
offenstehn.

5. Beschließung

Die Tauben, die BIBBERN in der Prärie.
Das Wild, das rennt und schaut die Nacht.
Die Tiere im WASSER,
das geknechtete Vieh,
die letzten Schmetterlinge.... sie DÜRSTET auch!

DOCH
zergehn
wo diese herrenlose Wolke
zergeht
— O! von Kühlung beschenkt!
verröcheln in
diesen violetten Nässen, mit
denen Aurora die Wälder
verhängt?

Mai 1872

Zünftige Vorstellung am Morgen

4 Uhr morgens im Sommer:
Noch währt die Rast der Liebe.
    Aus den Büschen
    evaporiert der Morgen
    das Bukett des Festes
    vom Abend —

Doch drunten, im weiten Holz=Park,
der Hesperiden=Sonne entgegen,
sind mit bloßem Arm
SchREINer schon am werkeln —

In ihrer Ein=Öde aus Moos, gemächlich
be=reiten sie kostbare Paneele
      vom Kapital der Stadt
      unter falschen Himmeln
      beWIEhert —

Ah! Diesen Zauber=Werkern zulieb,
Vasallen eines Königs von Babylon,
Laß, VENUS, für eine Weile
      die Liebenden los,
      deren Herz in Flammenkrone —

O Königin der Schäfer,
Bring den Schaffern AquaVIT
Auf daß ihre Kräfte nicht verpuffen
      im Harren auf das Bad
      im Meeres=Bitter
      am Mittag.

Mai 1872

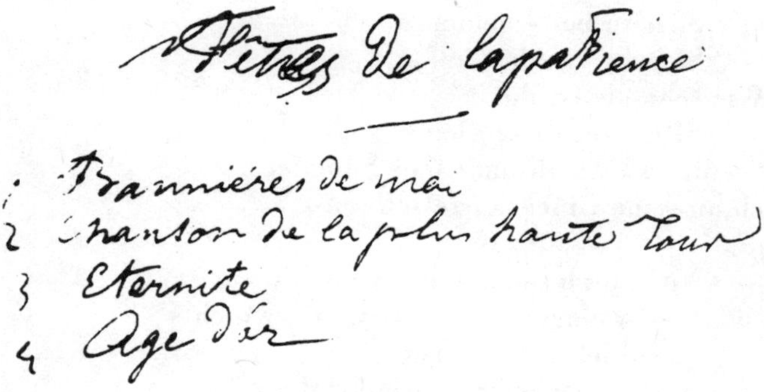
Fêtes de la patience

1 Bannières de mai
2 Chanson de la plus haute Tour
3 Eternité
4 Age d'or

Feste der Geduld

1. Mai=Banner

Unter
dem hellen Geäst der Linden
verröchelt
ein waidwundes Halali.
Aber
spiRITUELLE Gesänge schwirren
zwischen den roten Beeren.
LACH doch das Blut in
unseren Venen zur
Paarungszeit der Reben!

Der Himmel ist hübsch wie ein B=Engel.
Azur & Welle kommuni=zieren.

Ich breche auf!
Wenn nur EIN Lichtstrahl mich ritzt,
Im Moos soll ich verenden!

Sich zu be=scheiden
Sich zu ver=leiden
Wie schnöde ist das!
SPEI auf diese kleine Not!
Ich will, daß der dramatische Sommer
mich an seine Glückskarre schweißt.

Nur durch dich, ganz & gar, Natur
— weniger einsam & weniger nichts —
will ich meinen Tod:
statt als Schäfer — wie kOMisch! —
bei=nahe an der
WELT zu verrecken...

Ich will, daß die Zeiten des Jahrs
mich vergeuden.
Dir, Natur, bring ich mich dar
mit all meinem Hunger
und all meinem Durst...
Und wenn dirs gefällt: NÄHre & tränke.

Nichts von Nichts
führt mich hinters Licht:
Man lacht mit Eltern
lacht mit Sonnen.
Aber ich
ICH will lachen mit NICHTS:
und FREI sei dies
LOS...

Mai 1872

2. Gesang vom allerhöchsten Turm

müßige jugend
von allem besessen
vor lauter feinsinn
verlor ich mein leben

ah! käm doch die zeit
wo es die herzen entzündet!

ich sagte mir:laß!
ent=weiche den blicken
beiseit die verheissung
höchsten entzückens
nichts soll dich sTOPpen
krönender rück=zug

ich litt es so lang
bis ich auf immer vergaß
zittern & zagen
zu den himmeln verschlagen
und der verderbte durst
schwärzte mein blut

wie die wiese fiel...
wuchernd & blühend
weihrauch & mohn
im wüsten kreischen von 100 schnaken
in die bahn des vergessens

ah! 1000mal witwer
war die ach so arme seele
die hat nur das bild
Unserer Lieben Dame
und betet man überhaupt
zur jungfrau maria?

müßige jugend
von allem besessen
vor lauter feinsinn
verlor ich mein leben

ah! käm doch die zeit
wo es die herzen entzündet!

Mai 1872

PAR DÉLICATESSE
J'AI PERDU MA VIE

3. Das Unendliche

ES ist wiedergehOlt.
WAS? — Das UnEndlichE.
Das Meer, das mit
Der SOnne rOllt.

Wachsinnige Seele
Flüsternd er=klären
Die Nacht so Null
Den Tag in Feuer.

Vom Beifall der Menschen
Gemeinem Treiben
Sagst du dich los
Und Solo=DavOn.

Allein ihr
Satin=Gluten
EXhaliert PfLICHT
Ohne daß es »Endlich!« heißt.

Aussichts=Los
Orientierung NULL
Wissen & Spur=Weg
Das Ur=Teil gewiß.

ES ist wiedergehOlt.
WAS? — Das UnEndlichE.
Das Meer, das mit
Der SOnne rOllt.

Mai 1872

4. Gold Zeit

& eine der stimmen
wie engel ALL zeit
— es dreht sich um mich —
ohne zu fackeln spricht:

diese 1000 fragen
die sich verzweigen
machen im grund nur
wirr & betrunken.

wiedererkenne die wendung
so froh so beschwingt
es ist bloß woge bloß flor
& dort ist dein ort!

drauf singt sie... O
so froh so beschwingt
& offen dem bloßen auge...
— ich singe mit ihr —

wiedererkenne die wendung
so froh so beschwingt
es ist bloß woge bloß flor
& dort ist dein ort! etc....

& eine weitere stimme
— wie engel ist sie! —
es dreht sich um mich
ohne zu fackeln spricht:

& singt momentan
atems schwester
ein teutonischer ton
doch feurig & voll:

die welt ist voll tücke
WUNDert dich das?
leb & laß dem feuer
pechschwarzes scheitern.

O! wunderbares schloß!
wie klar ist dein leben!
von welcher zeit bist du
unsres großen bruders
fürstliche natur! etc...

ich singe auch, MICH:
multiple schwestern! stimmen
fürs volk unerschwinglich!
umWINDet mich mit
keuscher glORie... etc...

Juni 1872

Honey Moon

Die Bude ist dem
türkisch blauen Himmel grün.
Nirgends Platz:
Zwischen Krims & Krams!

D=RAUSsen an der M=AUer wimmelt
OSTerluzei
& vibrieren die G=AUmen von G=Nomen.

Das könnten GLATT
Geniestreiche sein, dieser AufsTAND,
dieser heillose WUST!
Die afrIkanIsche Fee hält Maulbeeren feil
& Haar=Netze in allen Ecken.

Einige MISS=mutige Patinnen besTEIGen
mit lichten Puff=Röcken die Buffets.
Dort muffen sie dann auf immer!

Das Pärchen verdünnisiert sich flatterhaft
& nichts geht mehr.

Der Gatte hat schon den Wind,
der ihn hintergeht, bei seiner Absenz,
hier, in PerMANenz.

Selbst gehässige Wasserghuls
erscheinen & schLEIMen durch die

Sphäre des Alkovens.
Die Nacht, die Freundin, O!

Der HOneY=MOOn pflückt sich
ihr Lächeln & füllt den
Himmel mit 1000 Kupfer=Strähnen.

DANN gibts noch S=Tunk mit einer gerissenen
Ratte.

Wenn JETZT bloß kein fahlES ELLErlicht aufkreuzt
Wie ein SCHUSS nach dem Abendgeläut...
O hEILiger & blanker Spuk von Bethlehem,
BehEXt ihr doch besser das BLAU ihrer Fenster!

27. Juni 1872

B=rüssel

Jul=ei

Boule=wart des Regenten

Amaranten=Rabatten bis hin zum Palast des JUpiter —
Genehmigt!
Ich weiß, das bist DU, der hier sein Blau einmischt
sahara=like!
Hier treiben Rose und Tanne, ganz sonnig,
und die LIANE ihre verGATTErten Spielchen:
KÄFig der kleinen Witwe...
In der Luft
Bataillione von Vögeln!
O iaio, iaio!.....
——— Stockende Häuser, verfLOGNE Passionen!
Kiosk der LIEBES=tollen
Hinter Rosen=Popos: schattiger, niedriger
Balkon der JULIette
——— JULIette, klingt nach HENRIETTE,
reiz=ender Bahnhof
in einen Berg geknuBBelt
als wärs tief im Obst —
und tausend blaue Teufel hoPPsen durch die Luft!
Bank in Grün, dort singt im paradiesischen
Donnergrollen die bleiche IRIN
zur GUItarre —
und es dringt aus dem
GuaYanischen Speise-Saal
Gezwitscher von Kindern und Käfigen...
Fenster des DUC — ich assoziiere:
Schneckengift und Buchs
(der döst unten in der Sonne!)
Und dann
Einfach zu SCHÖN, zu SCHÖN!
Halten wir die Klappe!
Boule=wart ohne Wandel und Handel,
sprachlos, Drama und Lust=Spiel zugleich
endlos verkoppelte Szenen
DU, mein Freund, ich schätze dich
im Stillen!

Ists ALIMEH?........

Im ersten Blau der Früh
auslöschen wird sie
wie die fahlen Blumen...
Vorm Glanz des Weich=Bilds wo
man fühlt
die Puste
dieser üppig wuchernden Stadt!
EINFACH zu schön!
EINFACH zu schön! ABER
wir brauchens doch:
——Für die Fischersfrau, für die Piratenschnulze
Und auch um den letzten Masken den Glauben
ans Nachtfest auf keuschem Meer nicht zu rauben!

Juli 1872

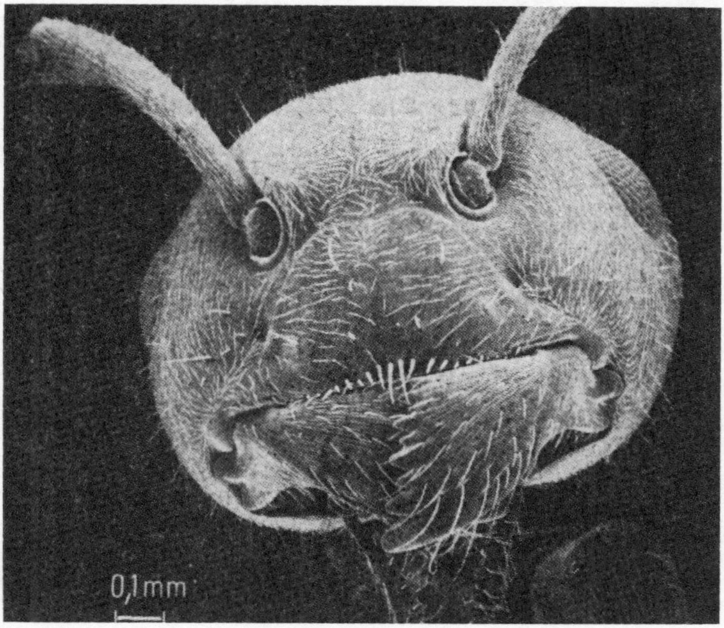

Feste des Hungers

Flieh auf dem Tier,
          Ann, Ann
der Hunger in mir!

Hab ich GeLÜSTE, so doch nur
     auf Erde und auf Steine.
          Dinn! Dinn!
          Dinn! Dinn!   Ich schnabulier
Luft, Felsen, Erde, Eisen.

          Schweife, Hunger, äse, Hunger
     die Prärie der Klänge
          schnauf
     quirliges Gift der Winden

ISS Kiesel, die ein armer Schlucker knackt
die Quader alter Kirchen
Schotter, Sintflut=Adern
Brote, gekuscht in graues Tal!

Mein Hunger, es sind die Zotten schwarzer Luft —
— AZURner Glöckner —
Es ist der Magen, der mich zieht,
das ist das Unheil.

Auf Erden sind die Blätter erschienen:
ich geh zum datschigen Frucht=Fleisch
im Herz der Furche pflücke ich
Mausohr und Veilchen.

Flieh auf dem Tier,
Ann Ann,
der Hunger in mir!

HORCH doch die BRAM
knackiger Erbsen
nah bei Aka=zien
RAMmeln im A=pril!

Und schier verdampfend
Phoebe entgegen siehst
du Schädel Heiliger
wackeln,
aus grauer Vorzeit...

Fern der Helle malmender
Kaps, schmucker Hütten
schmachten die alten Knaben
nach geheimem Liebes=Trank...

Doch nicht festal
noch astral! Nur
Nebel haucht
diese Nacht=Phantome.

Gleichwohl: sie haften
— Sizilien, Deutschland —
in diesem tristen, fahlen Gewaber
grad erst recht!

Michel & Christine

scheiß drauf
wenn die sonne
von diesen ufern
abtritt pack dich
helle sintflut da ist
der schatten der routen
in die weiden in die ver=
staubten schloßhöfe der ehre
schmeißt der sturm bald dicke
schloßen...
o ihr 100 lämmer blonde soldaten der
idylle von aquädukten von ausgemergelten
heiden haut ab.. ebenen wüsten prärien ho=
rizonte im roten putz des gewitters ...
schwarzer hund brauner hirt dessen mantel sich bauscht
flieht vor der stunde der höheren blitze blonde
herde wenn hier schatten & schwefel schwimmen
kümmert euch da unten um bessere schanzen...
aber ich herr je.. mein geist schwingt
nach den rotglasierten himmeln unter
die göttlichen wolken die fliegen
& hetzen über 100 SOLOGNES

lang wie ein
railway dort sind
1000 wölfe ....
1000 wilde samen ... die
streut nicht ohne die winden
zu bocken dieses mystische nach=
mittagsgewitter über das alte europa
wo 100 horden stürmen später der mond=
schein überall heideland die krieger gerötet
die stirn in den ....
schwarzen himmeln schaukeln langsam auf den fahlen
streitrössern die kieselsteine klingen unter
dieser stolzen bande..............
und werde ich den gelben wald & das helle
tal je erblicken die gattin mit den
blau-augen den mann mit roter stirn
— gallia ?
und das weiße osterlamm zu
ihren süßen füßen —
michel & christine —
& christus! —
schluß der idylle

Schande

EH nicht die Klinge dieses HIRN
geKAPPT
diesen Klotz, weiß=grün und tranig
und unausweichlich vollgeSTUSST —
(AH! Er
sollte seine Nase
abhauen
und Lippen, Ohren, Unterleib!
Er sollte seine Beine SAUSEN lassen,
welch Wunder!)

Aber nein, ich sags Euch:
EH nicht die Klinge seinen Kopf
der Kiesel seine Weiche
die Flamme sein Gedärm
traktiert haben
wird dieser kleine
ach so dusslige Querschießer
keine Sekunde ruhn
mit Tricksen, Linken und Luchsen
wie ein Kater von den Zibet=Bergen
ALLE Sphären zu verstinken!

Mag doch bei seinem Tod,
mein Gott,
Sich ein Gebet erheben!

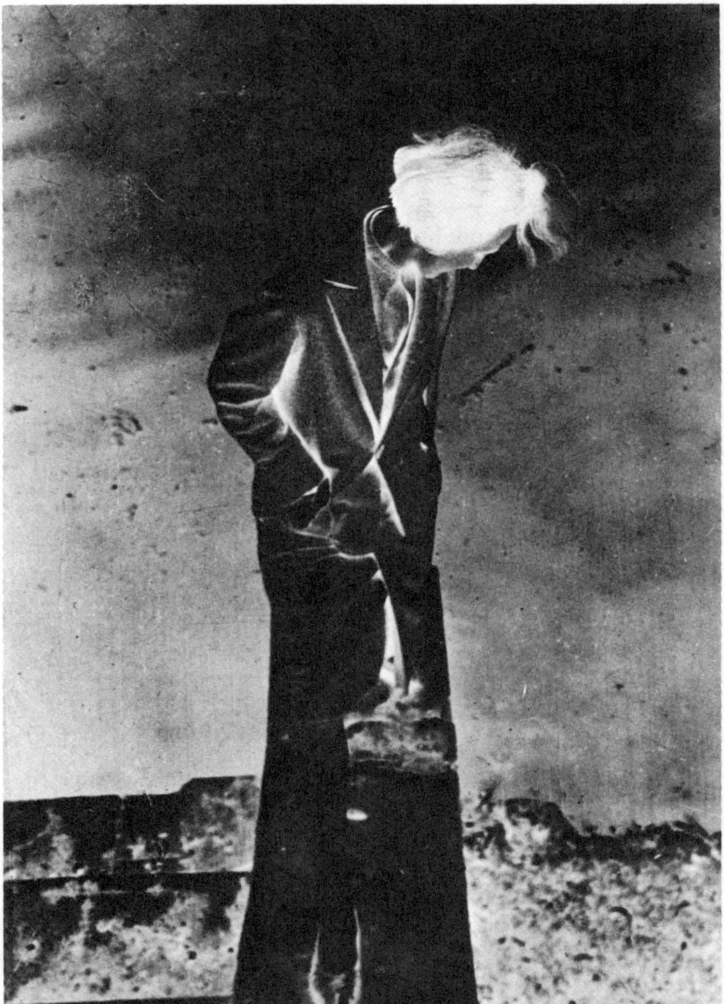

Entsinnung

I

KristALLwasser — wie die Salzseen aus Kinderzeit
Ansturm schneeweißer Frauenleiber auf
die Sonne
S=eide in rAUhen Mengen & lilienrein
BANNer unter Wällen von irgendeiner
Jung=Frau HOCH gehalten ...
Tummelplatz der ENGel — Nein ...
Der Goldstrom ist los
rührt seine Arme
schwarz & schwer &
grasdurchflochten ...

SIE sinkt
hat das Himmel=Blau zum Himmel=Bett
verlangt als Schleier
den Schatten der Hügel & Brückenbögen...

II

HE! Die nasse Scheibe spannt ihre KristALL=Falten!
Wasser wühlt sein mattes & grundloses
Gold in die
bereiten Betten
Die grün=verschossenen K=leidchen der Backfische
sind WEIden wo ausgeflippte
Vögel hüpfen...

Blanker als ein Gold=Stück
gelb=warmes Augenlid der Dotterblume
— deine eheliche Treue, oh Weib! —
Mittag kommt prompt & mit ihrem
blinden Spiegel neidet SIE dem
hitzegrauen Himmel die
rosig=teure SPHÄRE...

III

Madame
hält sich zu grad
in den anstoßenden Fluren
wo es
Arbeitsfäden schneit/
Sonnenschirm zwischen den Fingern/
zertritt Dolden/
sind ihr zu hochnäsig/

Lesende Kinder in all dem blühenden Grün
ihr Buch in
rotem Marokko=Leder!
MIST! ER
wie tausend weiße Engel
auf den Straßen scheiden —
macht sich davon über alle Berge!
SIE
ganz kalt & schwarz
läuft! — nach dem Abgang des Mannes!

IV

SEHnsucht nach dicken jungen
Armen frischen Grases!
Gold der Aprilmonde im
Fokus des sakralen Bettes!
Einsame Freude verlassener
Baustellen in Flußnähe —
Beute von Augustabenden
die diesen Modder sprießen ließen!
›Ob sie unter den Wällen WEINT —
grad jetzt ?‹
Der Atem der Pappeln ist für den EINZIGEN Wind

Dann der Wasserspiegel
stumpf
ohne Quelle
grau:

Ein alter Baggerfischer
rackert sich ab in
seiner reglosen Barke...

V

Getändel dieses matten Wasserauges
ICH kann ES nicht fassen oh
regloses Boot oh
Arme zu kurz!
WEder die EINE noch die ANDRE Blume:
WEder die GELbe die mich be=helligt
noch die bLAUe

Freundin des aschgrauen Wassers

AH! Staub der Weiden
von einem Flügel geschüttelt!

Die Schilfrosen sind auch schon längst gegessen!

Mein Kahn
verharrt noch immer...

Und seine Kette
in die Tiefe dieses Wasserauges
ohne Ufer geschossen

— in welchen Schlamm?

O Zeiten, O Schlösser!

Welches Herz ist ohne Knacks?

O Zeiten, O Schlösser!

Ich hab die Magie des Glücks studiert,
dem keiner ent=rinnt.

HOCH ihm, wann immer sein
gallischer Gockel singt.

Doch all mein Gieren wird sich verlieren,
hat er sich mir verschrieben.

DER Scharm, er packte Körper und Sinn
und aller Aufwand stiebte dahin.

WAS meine W=orte noch er=reichen?
Er bringt sie zum Flattern und Weichen!

O Zeiten, O Schlösser!

[Und wenn das Unglück mich ent=zieht,
sein Groll mir sicher blüht.

Sollt er mich verschmähn, ach Scheiße,
ein Blitzstrahl mich zerreiße!

— O Zeiten, O Schlösser!]

Der Wolf brüllte aus den Blättern
und ließ die schönen Federn
vom Hühnerfraß krachen:
wie er verzehre ich mich.

Die Salate, die Früchte
warten nur aufs Messer.
Aber die Spinne im Busch
speist nur Veilchen.

Auf daß ich schlafe!
Auf daß ich siede
auf den Altären des Salomon!
Über den Rost hinweg
rinnt die Brühe und
vermischt sich mit
dem Kidron.

Ent=Würfe

Oui c'est un vice que j'ai, qui s'arrête et qui [*remarche*] reprend avec moi, et, ma poitrine ouverte, je verrais un horrible cœur infirme. Dans mon enfance, j'entends ses racines de souffrance jetée à mon flanc: aujourd'hui elle a [*monté*] poussé au ciel, elle [*renaît*] bien plus forte que moi, elle me bat, me traîne, me jette à [*bas*] terre.
Donc c'est dit, renier la joie, éviter le devoir, ne pas porter au monde mon dégoût et mes trahisons supérieures [*et mes...*] la dernière innocence, la dernière timidité.
Allons, la marche! le désert, le fardeau, les coups, le malheur, l'ennui, la colère. — L'enfer, là sûrement les délires de mes peurs et [*illisible*] se disperse.
A quel démon [*je suis à*] me louer? Quelle bête faut-il adorer? dans quel sang faut-il marcher? Quels cris faut-il pousser? Quel mensonge faut-il soutenir? [*A*] Quelle Sainte image faut-il attaquer? Quels cœurs faut-il briser?
Plutôt [*éviter d'offrir la main br*] stupide justice, de la mort.
J'entendrai [*les la*] complainte chantée [*aujourd'hui*] jadis [*dans*] sur les marchés. Point de popularité.
La dure vie, l'abrutissement pur, — et puis soulever d'un poing séché le couvercle du cercueil, s'asseoir et s'étouffer. [*Je ne vieillirai*] pas de vieillesse. Point de dangers la terreur n'est pas française.
Ah! je suis tellement délaissé, que j'offre à n'importe quelle divine image des élans vers la perfection. Autre marché grotesque.
[*A quoi servent*] O mon abnégation [*et*] O ma charité inouïes *(mon)* De profundis Domine! [*que*] je suis bête?
Assez. Voici la punition! Plus a parler d'innocence. En marche. Oh! les reins se déplantent, le cœur gronde, la poitrine brûle, la tête est battue, la nuit roule dans les yeux, au Soleil.
[*Sais-je où je vais*] Où va-t-on, à la bataille?
Ah! mon âme ma sale jeunesse. Va!... va, les autres avancent [*remuent*] les outils, les armes.
Oh! oh. C'est la faiblesse, c'est la bêtise, moi!
Allons, feu sur moi. Ou je me rends! [*qu'on laisse*] blessé, je me jette à plat ventre, foulé aux pieds des chevaux.

BÖSES BLUT

Ja, es ist ein Makel, der mir anhaftet, wo ich gehe und stehe, und, die Brust aufgerissen, erblickte ich ein schrecklich schwankendes Herz.
In meiner Kindheit spüre ich seine Wurzeln des Leids an meine Flanken schlagen: heute ist es bis zum Himmel aufgeschossen [aufgestiegen], es [regeneriert sich] weitaus schwungvoller als ich, geißelt mich, schleift mich, wirft mich [nieder] zur Erde.
Das ist nun die Parole: der Freude abschwören, der Pflicht aus dem Weg gehn, der Welt nicht meine Abscheu, meine überragenden Verrate antragen [und meine] die äußerste Unschuld, äußerste Schüchternheit.
Vorwärts, Marsch! Die Wüste, die Last, die Hiebe, das Unheil, der Überdruß, die Wut. — Die Hölle, dort sicherlich die Delirien meiner Furcht und [unleserlich] zerstreut sich.
Welchem Dämon [soll ich —] mich verdingen? Welches Tier gehört vergötzt? In welchem Blut soll man waten? Welche Schreie gehören geschrien? Welche Lüge gehört bekräftigt? Welches heilige Bild gehört attackiert? Welche Herzen muß man brechen?
Besser [vermeiden die Hände zu reichen] der stupiden Justiz, dem Tod. Ich werde Zetern vernehmen, das [heute] einst über die Märkte sang. Absolut nichts Populäres.
Das harte Leben, die pure Vertierung, — und danach den Sargdeckel mit ausgedörrter Faust aufstemmen, sich niederlassen und ersticken. [Ich werde nicht altern] keine Vergreisung-Keine Gefahren der Terror ist nicht französisch.
AH! Ich bin derart verkommen, daß, ich jedem x-beliebigen Götzenbild meinen Vollkommenheits-Drang andiene. Auch so ein zickiger Markt.
— [Wozu dienen] Du meine Selbstverleugnung Du meine unerhörte Menschenliebe De profundis Domine bin ich ein Esel?
Schluß! Die Strafe folgt auf dem Fuß! Kein Unschulds-Gerede mehr.
Vorwärts Oh! Die Nieren pflanzen sich weg, das Herz grollt, die Brust lodert, der Kopf zerschmettert, die Nacht rollt in den Augen, in der Sonne.

Ah!
Je m'y habituerai.
Ah çà, je mènerais la vie française, et je tiendrais le Sentier de l'honneur.

FAUSSE CONVERSION

Jour de malheur! J'ai avalé un fameux [*verre*] gorgée de poison. La rage du désespoir m'emporte contre tout la nature les objets, moi, que je veux déchirer. Trois fois béni soit le conseil qui m'est arrivé. [*M*] Les entrailles me brûlent, la violence du venin tord mes membres, me rend difforme. Je meurs de soif. J'étouffe. Je ne puis crier. C'est l'eufer l'éternité de la peine. Voilà comme le feu se relève. Va, démon, va, diable, va Satan attise-le. Je brûle [*bien*] comme il faut, c'est un bon (bel et bon) enfer.
J'avais entrevu [*le salut*] la conversion, le bien, le bonheur, le salut. Puis-je décrire la vision, on n'est pas poète [*dans*] en enfer.
[*Dès que*] C'était [*l'apparition*] des milliers de ['*Apsaras?*] charmantes, un admirable concert spirituel, la force et la paix, les nobles ambitions, que sais-je!
Ah: les nobles ambitions! ma haine. [*R*] Je recommence l'existence entragée la colère dans le sang, la vie bestiale, l'abêtissement, le [*malheur... mon malh et les malheurs des autres*] qui m'importe peu et c'est encore la vie! Si la damnation est éternelle. C'est [*encore*] [*la vie encore*]. C'est l'exécution des lois religieuses pourquoi a-t-on semé une foi pareille dans mon esprit? [*On a*] [*Les*] Mes parents ont fait mon malheur, et le leur, ce qui m'importe peu. On a abusé de mon innocence. Oh! l'idée du baptême. Il y en a

[Weiß ich wo ich gehe] Wo geht es hin? Zum Kampf?
Ah! Meine Seele meine dreckige Jugend. Los!...Los, die anderen rücken vor [rühren] die Geräte, die Waffen.
O! O! Ich bin die Schwäche, die Dummheit selbst!
Voran, feuert auf mich. Oder ich ergebe mich! [man lasse] verwundet ich werfe mich flach auf den Bauch, zertrampelt von den Hufen der Pferde. Ah!
Ich werde mich schon eingewöhnen.
Ah ha, ich werde das französische Leben führen und auf dem Pfad der Ehre wandeln.

FALSCHE BEKEHRUNG

Unglückstag! Ich hab mir den Rachen gehörig mit Gift vollgepumpt. Die Wut der Verzweiflung wiegelt mich auf gegen die gesamte Natur, die Objekte, mich, den ich zerreißen will. Dreimal gebenedeit der Ratschlag, der mir widerfuhr. Die Eingeweide brennen mir, die Wucht des Giftes verdreht meine Glieder, verunstaltet mich. Ich sterbe vor Durst. Ich ersticke! Ich kann nicht schrein. Das ist die Hölle, unendliche Pein. Schau wie das Feuer sich aufrafft. Geh, Dämon, geh, Teufel, geh, Satan, stachle es an. Ich brenne [ganz] wie es sich gehört, was eine gelungne Hölle.
Ich habe schon Bekehrung, das Glück, das Heil vorbeihuschen sehn.
Darf ich die Vision beschreiben, man ist nicht Dichter in der Hölle. [Seit] Es war [die Erscheinung] tausend berückender [Apsaras], ein großartiges spirituelles Konzert, die Kraft, der Frieden, die edlen Regungen, was weiß ich! Ah! Die edlen Regungen! Mein Haß! [R] ich beginne diese rasende Existenz von neuem die Wut im Blut, bestialisches Leben, Vertierung, das [Unglück..... mein Ungl und die Unglücke anderer] das ist mir schnuppe und das ist immer noch Leben! Wenn die Verdammnis ewig währt.
[Noch immer das Leben.] Das ist die Vollstreckung der religiösen Lehren warum hat man mir einen solchen Glauben ins Hirn gepflanzt?

qui ont vécu mal, qui vivent mal, et qui ne sentent rien! C'est [*le*] mon baptême [*c*] et [*l'*] ma faiblesse dont je suis esclave. C'est la vie encore!
Plus tard, les délices de la damnation seront plus profondes. Je reconnais bien la damnation. [*Quand*] Un homme qui veut se mutiler est bien damné, n'est-ce pas? Je me crois en enfer, donc j'y suis. — Un crime, vite, que je tombe au néant, par la loi des hommes.
Tais-toi. Mais tais-toi! C'est la honte et le reproche, [*qui*] à côté de moi; c'est Satan qui me dit que son feu est ignoble, idiot; et que ma colère est affreusement laide. Assez. Tais-toi! ce sont des erreurs qu'on me souffle à l'oreille, [*la*] les magies, [*l'*] les alchimies, les mysticismes, les parfums [*fleuris?*] faux, les musiques naïves, [*les*]. C'est Satan qui se charge de cela. Alors les poètes sont damnés. Non ce n'est pas cela.
Et dire que je tiens la vérité. Que j'ai un jugement sain et arrêté sur toute chose, que je suis tout prêt pour la perfection. [*Tais-toi, c'est*] l'orgueil! à présent. Je ne suis qu'un bonhomme en bois, la peau de ma tête se dessèche. [*Et*] O Dieu! mon Dieu! mon Dieu! J'ai peur, pitié. Ah! j'ai soif. O mon enfance, mon village, les prés, le lac sur la grève le clair de lune quand le clocher sonnait douze. [*Satan a ri*]. Et c'est au clocher. — Que je deviens bête! O Marie, Sainte-Vierge, faux sentiment, fausse prière.

[Man hat] Meine Eltern haben mein Unglück angestellt, und das ihre, das ist mir alles schnuppe. Man hat sich an meiner Unschuld gütlich getan. Oh! Die Idee der Taufe.
Es gibt eine Sorte, die hat mies gelebt, die lebt mies und hat nicht das leiseste Gespür!
Meiner Taufe und meiner Schwäche bin ich Sklave! Das ist ja immer noch das Leben!
Später werden die Wonnen der Verdammung noch tiefer greifen. Ich kenne wohl die Verdammnis. [Wenn] Ein Mensch, der sich verstümmeln will, ist doch verdammt, nicht wahr? Ich glaube mich in der Hölle, also bin ich dort. — Ein Verbrechen, flott, damit ich ins Nichts stürze, per Menschengesetz.
Schweig! So schweig doch! Scham und Vorwurf kommen an meine Seite gekrochen. Satan sagt mir selbst, daß das Feuer ein Dreck ist, idiotisch; und meine Wut widerlich, häßlich.
Genug. Schweig stille! Das sind Irrtümer, meinem Ohr souffliert, Verhexungen, Alchimistische Tricks, Mystizismen, falsche Düfte [Blumen]. Satan befrachtet sich mit solchen Dingen.
Demnach sind die Poeten verdammt. Nein, so aber auch nicht!
Und sagen daß ich mich an die Wahrheit halte. Daß ich über alle Dinge ein gesundes und unerschütterliches Urteil habe, daß ich ganz und gar bereit bin für die Vollendung. [Schweig doch, das ist] Hochmut! Zur Zeit. Ich bin doch nur ein hölzerner Biedermann, meine Kopfhaut vergrindet. O Gott! Mein Gott! Mein Gott! Ich habe Angst, Erbarmen! Ah! Ich habe Durst. O meine Kindheit, mein Dorf, die Wiesen, der See auf sandigem Grund der helle Mondschein wenn der Kirchturm Zwölf schlägt. [Satan hat gekichert.] Und das im Kirchturm.
——Ich verblöde zusehends! O Maria, Heilige Jungfrau, falsches Gefühl, falsches Gebet.

DELIRIEN II: ALCHIMIE DES WORTS

Schließlich wu [e] rde mein Geist.......................
von London oder von Peking oder Ber..................
die [verschwanden ich scherze über] ....
populäre Verlustierungen [Schau] ....
die [kleinen] Glut=Öfen [unleserlich] ....
Ich hätte die kreidige Wüste gewollt ....
Ich schätze die wohltemperierten Getränke, die Trödel=Läden, die versengten Obst=Gärten. Stundenlang verharrte ich mit lang hängender Zunge, wie ein verhecheltes Tier: ich schleppte mich durch die kotigen Gassen, und, die Augen geschlossen, [betete ihn an] bot ich mich der Sonne dar, Gott des Feuers, der mich umstülpte [und], General, König, sprach ich, wenn du noch eine alte Kanonen (!) auf deinen verrotteten Schanzen hast, bombardiere die Menschen mit [Haufen] Klumpen trockener Erde In die spiegelnden Scheiben der piekfeinen Geschäfte! In die kühlen Salons! Mögen die [Spinnen] [beim] [unleserlich] die Stadt ihren Staub fressen! Laß die Regentraufen oxydieren.
Auf die Stunde genau auf die Boudoirs brenne Rubinstaub die
[Ich trug Kleider aus Leinen] Ich [unleserlich] ich ging Steine brechen auf stets leergefegten Straßen. Die souveräne Sonne [ging nieder] stieß auf einen Scheißhaufen, im Tal der [unleserlich] sein besoffnes Schnäkchen inmitten
in der Pißbude der abgelegenen Kneipe,
verknallt in den Borretsch

und hingeknackt in die Sonne
und
die in einem Licht=Strahl zerfließt

Hunger

Ich habe durchdachte (!) aufs (!) Glück der Tiere;
Die Raupen waren die Meng (!) [unleserlich] [kleine blaue Korpuskel] Unschul der Larven:
[die romantische Spinne schuf den Schatten] Romantik überschwemmt von opaler Frühe;

die Wanze, braune Person, harrte [unleserlich] voll Leidenschaft.
Glücklich [der Schlumm] der Maulwurf, Schlummer all der Jungfräulichkeit!
Ich enthielt mich [des Kontakts] Erstaunliche Unschuld beim Versuch ihn zu beschreiben, mit einem Anflug von Romanze.

Gesang vom allerhöchsten Turm

Ich [unleserlich] Ich glaubte Vernunft und Glück gefunden zu haben,
Ich sonderte den Himmel ab, Azur, das vom Schwarz kommt, und ich lebte Gold=Funke des Lichts **Natur**. Das war völlig ernstzunehmen.
Ich drückte mich aus, so blöd [wie möglich].

Unendliche

[Und um das Maß voll zu machen] Vor lauter Entzücken wurde ich eine Märchen=Oper.

Goldzeit

Zu dieser [Epoche] war mein unsterbliches Leben, nicht niedergeschrieben, nicht besungen. — Etwas wie die Vorsehung — [die Gesetze der Welt ein] an die man glaubt und die nicht singt.
Nach diesen erhabnen Minuten [kam] völlige Verblödung.
Ich sah [m] einen fatalen Hang zum Glück in allen Wesen:
Die Aktion war [nicht das bescheuerte Leben] nichts als eine instinktive Methode ein unersättliches Gieren des Lebens zu verschludern:
[ich allein, der sie bis auf den Grund kannte, ließ sie] dem düstren und süßen Zufall, Nervenkitzel [Entgleisung] Irrlaufen. Das Wissen war die Schwäche und das Gehirn...... ....Wesen und alle Dinge erschienen mir .... andere Leben um mich herum. Dieser Herr ....diese Familie ist nicht .... [unleserlich] mit vielen Menschen ....Moment eins ihrer anderen Leben

. . . . [Geschichte] Keine Prinzipen mehr. Keiner der Sophismen die . . . . .der abgedichteten Wahnwelten. Ich könnte sie alle herunterleiern und noch viele andere, ich kenne das System. Ich stellte nichts mehr unter Beweis. Die [Halluzinationen waren strudelten zu stark].
Aber jetzt [möchte ich] probierte ich nicht, mir Gehör zu verschaffen.
Einen Monat lang diese Übung, [ich glaubte] Meine Gesundheit [wackelte] war bedroht.
Als hatte beileibe anderes zu tun als zu leben.
Die Halluzinationen waren lebendiger [mehr Entsetzen] der Terror kam [stärker]!
Mehrere Tage lang versank ich in Schlaf, und, aufgestanden, setzte ich die tristesten (verworrensten) Träume fort, überall.

Entsinnung

Ich befand mich reif für [den Tod] den Abgang und meine Schwäche schleppte mich bis zu den äußersten Enden der Welt und des Lebens, [wo der Maelstrom] im Schwarzen Kimmerien, Heimstatt der Toten,
wo eine großer. . . . eine Straße der Gefahren eingeschlagen hat fast alles verlassen [unleserlich] bei einer Eins. . . . .ung entsetzliche.

Die äußersten Enden der Welt

Ich reiste ein wenig. Ich ging in den Norden:
ich [entsinne mich des] (verschloß mein Gehirn)
Ich wollte dort all meine feudalen Aromen, Schäferinnen, urwüchsigen Quellen wieder auffinden.
Ich liebte das Meer [Biedermann den Boden und die eisernen Grund=Sätze] den magischen Ring im leuchtenden [erklarten] Wasser als ob es in seiner Macht stünde mich reinzuwaschen von einem Schandflecken.
Ich sah das tröstende Kreuz. Mich stieß in Verdammung der Regenbogen und die [Tie] religiösen Magien;
und vom Glück [meinem Gewissensbi] meiner Fatalität,

meinem Wurm,
einer, der obschon [die Welt schien mir gänzlich neu, mir der ich hatte] alle möglichen Eindrücke aufgehoben:
machte mein Leben zu unheuerlich verlor die Nerven sogar nachdem meine [unleserlich]
um zu rüsten [aufric] [allein]
aufs handfesteste die Kraft und die Schönheit.
In den größten Städten, in der Früh, bei, [diluculum] matutinum, beim Kristus venit [wenn für die gläubigen Menschen der Krist kam]
warnte mich sein Biß, süß bis auf den Tod, beim Hahnenschrei.

Glüc (BONR)

So schwach, wähnte ich mich nicht zuträglich für die Gesellschaft, es sei denn aus [Mitleid]
Welch Unglück Welches Kloster steht für diese herrliche Abscheu bereit? [unleserlich]
Das hat sich nach und nach gelegt.
Ich hassen momentan die mystischen Höhenflüge und die Verschraubtheiten des Stils.
Nun kann ich sagen, daß die Kunst ein Gedumme ist.
[Die] Unsre großen Dichter [unleserlich] ebenso behend: die Kunst ist ein Gedumme.

Gegrüßt sei die Qualit.

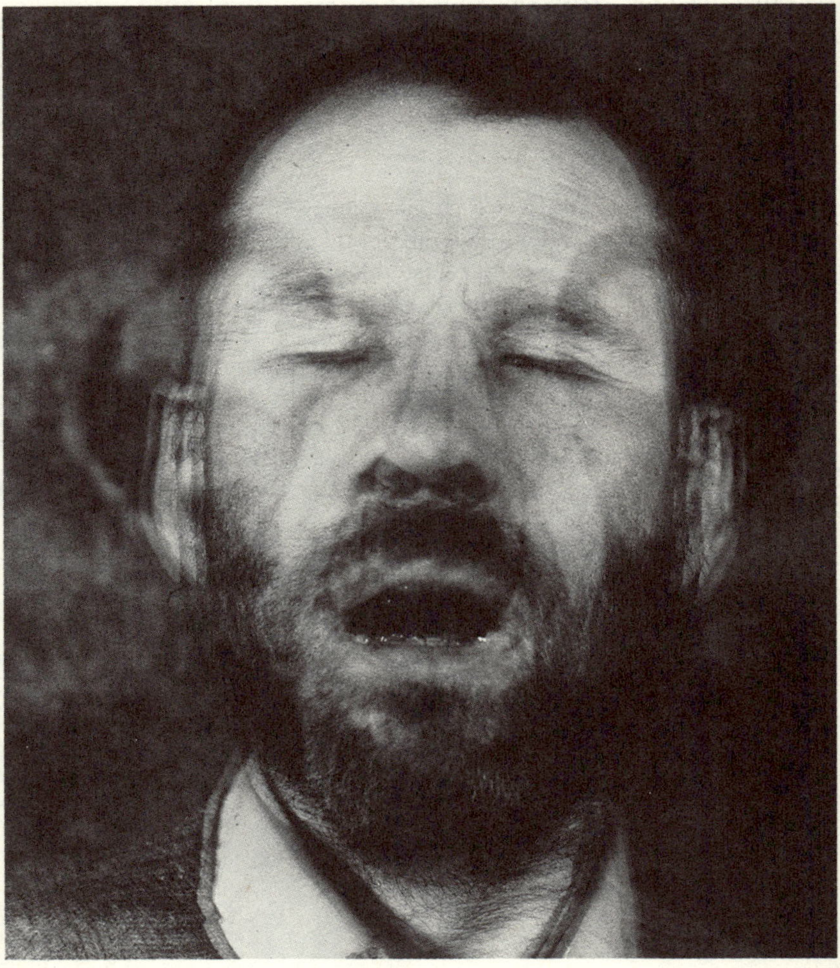

Rainer G. Schmidt

Der gedoppelte Blick, der gefächerte Blick — ALL-Chimie des Worts

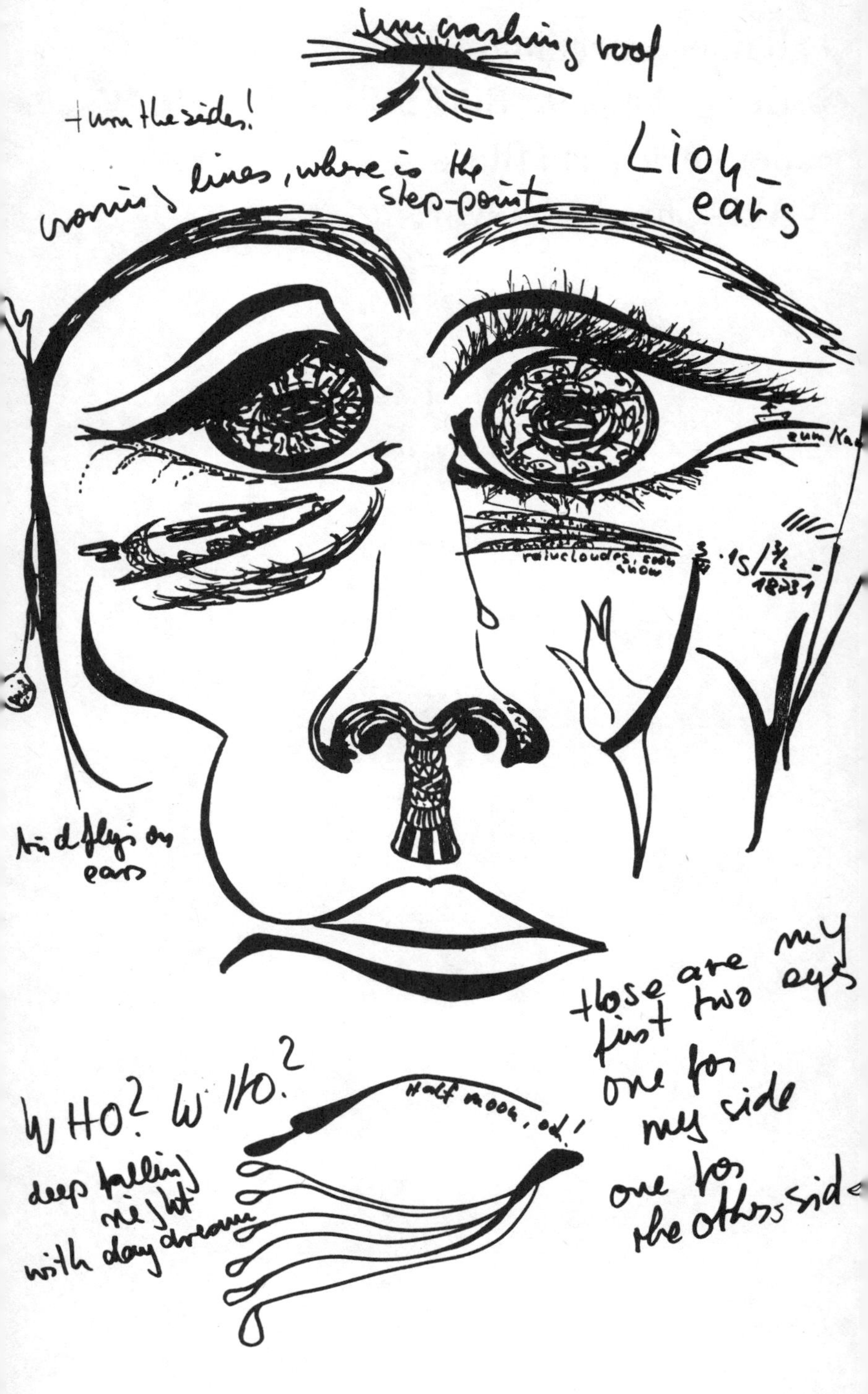

crashing roof
turn the sides!
where is the step-point
Lion-ears
those are my first two eyes
one for my side
one for the others side
WHO? WHO?
Half moon, ok!
deep falling night with day dreams

»... und datschte — der Visionen halber —
seinen dürmligen Aug=Apfel...«
(Rimbaud, Die Dichter mit 7)

I

Längst geht es nicht mehr darum, DAS Gesicht zu verlieren,
der Riß bleibt unverkleistert, das ist
die OFFENsive.

Und es ist als könnten wir auf einmal die GRANNE sehen,
die
Verwerfung — (ein anderes Wort) — in diesem
EINEN Bild vor(?) unserm Gesicht (es
sickert ja in unser Gesicht ein!) —
die Kante also, wo sich die beiden Bilder über
SCHNEIDEN, die unsere Augen geben,
zur gleichen Zeit,
wir sehen.

Schien es bisher merkwürdig EINHELLIG:
der Hirn=Computer verrastert zwei schräg-
geschossene Perspektiven zu EINEM Bild,
das sich in der Mitte einrichtet, quasi
ein Dia=Rähmchen, auf der Nasen=Schiene
hockend, mit Tiefenschärfe.

Changiert der Blick von einem Auge zum nächsten (1 Klappe
also jeweils herunter) spüren wir den
Ruck: das Bild wird VERSETZT.
Ein Vorgang, der — bei konzentrierter Übung —
von einem ohren=betäubenden SCHEPPERN
begleitet wird als würden
Kristall=Schalen zertrümmert.

Mit NUR einem rechten oder linken Auge müßten wir immer
genau an etwas vorbeilaufen.
So, mit zweien, haben wir den Ein=Blick.

Das Ein=Aug bricht sich auf der Kante der Nase und nimmt jene irritierende Fasson an, wie wir sie haben. Es ergibt eine Art Schielen, eine fruchtbare Ungenauigkeit zweier verquerer Linsen.

Zittern müßten die Ränder der Objekte in diesem Puls=
Sprung, wo der Stuhl, im Sehen für
Sekunden=Bruchteile aus sich heraustritt,
neben
sich zu stehen kommt, sich verwundert
ansieht,
ist er doch, laut Filo=sofie, ein&derSELBE Stuhl.
Und spürt

diesen wahnsinnigen Sprung in sich, der
ihn trägt, zusammenhält.

Bilder, die wirklich sind, schreien, kippen.

Und wäre erst der ganze Körper übersät mit Augen....

»Mais, cher Satan, je vous en conjure,
une prunelle moins irritée!« (Saison en enfer)

Die KAMERA nun ist KRANK: sie ermogelt, ernagelt,
Einzige Linse, den Ein=Blick
anstatt ihn zu ermöglichen,
sie glaubt den Brennpunkt bereits in der Tasche
MITTEN hinein schießt sie einen Strahl,
aufgepflanztes Bajonett,
aber merkwürdig gespensterhaft geht sie
durch die Objekte hindurch, die sie
FESTHALTEN will.
Der Foto=Graf, vermeintliches Subjekt, objektives gar,
erliegt so dem KRAMPF des Objekts.

Das alles ist nur ein
BILD.
Kulturell mani=festiert natürlich von Laser bis
Technicolor.

Ein=Strahl, abendländische Sicht, luetisch verbohrter
Zeige=Finger, der sich selbst fixt,
unfähig zu illuminieren, Anwerber
für Peep=Shows kleiner verunglückter
Abbilder von Gott, die nur noch komisch,
nicht mehr kosmisch sind: Verengung.

(Die Chinesische Perspektive legt den Brennpunkt HINTER das Subjekt, der Sehende steht IN der sich öffnenden Blende ———— »Wir sind aber keine Chinesen« höre ich es. ———— Wir sind aber AUCH Chinesen!)

So haben wir auf der einen Seite Kataloge STIMMIGER
Bilder und auf der anderen die ERSCHÜTTERN-
DEN Szenen von den Kriegsschau=Plätzen
auf der Back=Side unserer Erde.

Die ganzen Anstrengungen der Psychologie, der Psychiatrie,
der bürgerlichen und marxistischen Wissenschafts-
systeme laufen darauf hinaus, das RÄTSEL
zu vernichten, den Riß zu kitten mit dem
Versprechen, das Leben zu erleichtern,
um einen tatsächlich vom Leben zu erLEICHtern.

(Niemand wagt mehr hinzusehen, die Gesichte entschlüsseln)

Den Riß aushalten, aufhalten.

Wer ist schon vollkommen? Welches Herz ist ohne Knacks.
Es geht ein befremdlicher Ruck durch uns Wesen.
Mit Löchern laufen die meisten herum, manche sind
völlig durchsiebt. Aber was soll lamentieren?
Das sind doch auch Zündstellen, Brandstellen, Durchstiegs-
luken, die Masche, der du auch entschlüpfen kannst —
brennend.

»ah! käm doch die zeit
wo es die herzen entzündet!«
Die Himmel, gespalten im Blitz, im Schrei:
mitten durch die konventionell verarschte Fresse —
und das Gesicht flackert.

Sprung durch die aufgebrochene
Mitte
durch Konzentration auf die Ränder.

(Das Gesicht, das aus sich heraussieht, das in sich
hinein=sieht.

Das Gesicht, das sich schält.)

Die Augen treten an die Oberfläche, sind sie EINKER-
BUNGEN in das Gesicht?
Von Außen her sind sie zu SEHEN, doch müssen sie, wahre
Eisberge, noch tief hinunter=reichen,
Kugeln, ihrer Krümmung nach zu urteilen.
Sie werden also im Kopf gerollt.

Das Sehen passiert durch ein Loch, elementare Wunde,
sie eröffnet die Welt (?).
Durch den Schlitz der Pupille — sie sieht schwarz aus —
fällt die Welt ein.
Es heißt: Augen seien Fenster.

ETWAS sehen liegt also an der Kante von NICHTS,
Einfall des LICHTS, gebrochen:
eine Welt wird entzündet:
So strahlt auch von innen eine Welt heraus.

Augen sind LICHTER, selbst die blinden.

Die Augen sehen das Gesicht nicht, aus dem sie heraus-
schaun,
aber sie spüren es in sich, denn es ist doch
das GESICHT, das sieht.

Sind die beiden Augen überhaupt miteinander gekoppelt
oder agieren sie völlig unabhängig
nebeneinander her
als völlig VERSCHIEDENE Wesen?

Vorstellbar wäre, daß sich die beiden Augen=Strahlen nie
treffen, daß sie ohne Fixpunkt bis in die
Unendlichkeit

auseinandergebogen sind:
das ist der verlorene Blick, der neugeborene.

Werden die Blicke nicht erst in der Zurichtung auf die
Welt zusammengebogen:
Objekte werden herangerückt, worauf sich
jene zu treffen haben.

Aber nirgends sitzt der Blick. Er geht um uns herum.
Er ist bis in die Unendlichkeit gekrümmt,
wie auch der Raum gekrümmt ist — und somit
verliert sich wieder die erste Frage.

Die Augen sehen aber nicht gleich aus.
Es ist der wahn=sinnige Augenblick den
RISS
im Gesicht Rimbauds zu sehn.
Das eine Auge für die Welt: bohrend, zynisch —
das andere: nach Innen gekehrt, im Innern sehend und
erleuchtet.

Ist es etwa so, daß ein Auge die äußere Bilderwelt abgrast
während das andere rast im Sud der
Sedimente:

Bilder aus Dekaden, Bilder aus
Jahrmillionen, Äonen.
Und doch in geheimer Abstimmung mit dem
anderen Auge dem frischen Bild
unterschiebt, unterlagert,
um diesem einen rudimentären SCHUBS zu versetzen,
daß es flimmert, flippt
und so das
EINE Bild des
EINES Auges erst lebendig, farbig
macht, in sich different

Und das ReserVOIR ist unerschöpflich.

Ist es möglich, daß ein Gesicht WELLEN wirft.

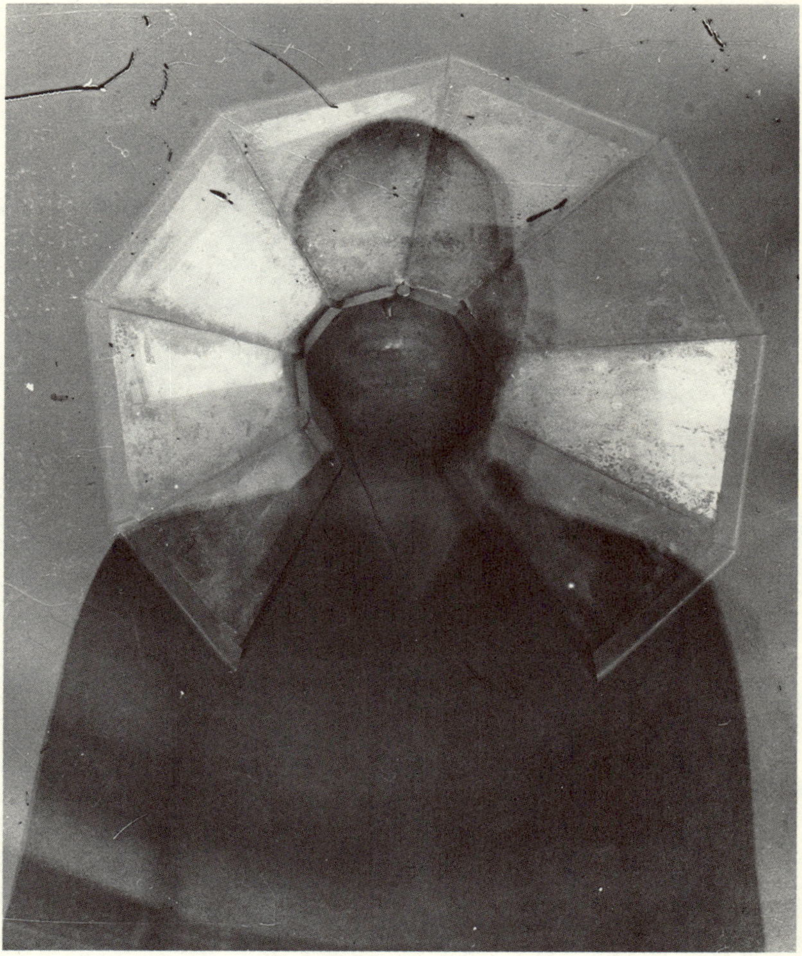

Dieter APPELT versteht es, der Kamera diese Fähigkeit
des Sehens wieder abzuluchsen:
Bis zu 20-fach geworfener Blick des Kamera=Auges
ins gleiche lichtempfindliche Material gebrannt:
Weiterentwicklung dieses Zitterns und Überlagerns,
vom Auge unmerklich erledigt —
die vielen Schichten: das Bild fächert sich auf,
erlöst den Blick seiner von manischen Starre
ANGEL
eines neuen Sehens, das sich selbst stets
AUF DER KIPPE weiß.

(Ist auch das schizophrene Sehen völliges
Wackeln aller Bilder, Systeme und wird nur
UNHALTBAR, weil unter den Zwang der
Eindeutigkeit gestellt.)

Ein Auge schaut nach innen, nach hinten.
Vielleicht durchstößt sein Blick ja den Schädel
und sieht hinter sich.

Die Blickrichtungen sind verschieden und kreuzen sich in
beunruhigenden Winkeln.
Bilder, die nicht mehr stillhalten, wie von Erdbeben
geschüttelt.
Bilder, in denen Metamorphosen heraufbrodeln.
In einer Paläontologischen Zeitdimension,
meinetwegen.

»Ich ist ein ANDERER«, sagt ein Auge zum nächsten.
Jedes in seinem differenten Bild.
Und das Fleisch beginnt zu singen, zu sieden.
Und der Mund fließt über.

Quetschte die dürmligen Wörter
bis Visionen kamen
(aus dem Spalt dazwischen)

Brechung des Lichts zum Regenbogen,
SPEKTRUM, das im Nu wieder in sich zusammen-
fällt:

Flirrendes Spektrum der Laute und Intervalle
Flirrende Farben und Gestalten
Flirren der elementaren Ketten, Kerne und Amino-
säuren
Flirrende Musik der Organe
und Austreten der dünnsten Musik
durch die Poren der Haut.

Die Wunde wandert über den ganzen Körper,
sie darf nicht stocken.
Und mit ihr der Blick nicht.
Und mit ihr die Beine nicht.

AUCH: der ganze Körper, in sich DOPPELT:
die NAHT,
NACHT des Körpers, Feuerlinie, elementare
Falte,
Zwilling in sich, Basis unendlicher Vervielfältigung:
multiple Schwestern, splittet das verwanzte
Panorama
facettiert den Augen=Schein
reibt den Stein auf und laßt ihn rollen
bis das Bild swingt in einer gefährlichen
Sphärenmusik.

Haarrisse in der Kaltschale des Narziß,
längs derer sich die differenten Partikel
lagern und Modulieren —
Sprechen des Körpers....

Finde die goldene Doppel=Spur:
»Das unEndlichE. Das Meer,
das mit der SOnne rOllt.«

Rimbauds späte Gedichte machen diese Spur LAUT und
visuell:
Zwillings=Buchstabe: »la mer allée«
»science avec patience«

(Und unser Über=Setzen schließt sich an:

sucht Zwillingsworte, oft nur durch einen Buchstaben unterschieden, NUCLEIDE, an denen sich der Text auffächern kann: spülen, spüren)

»Wie seine W=orte noch erreichen,
er bringt sie zum Flattern und Weichen!«
(Rimbaud)

II

Das Werk der Alchimie
bestand in der Inszenierung
einer reinen Bewegung des Begehrens,
wobei sich der Körper nicht im ANDEREN
Körper erfuhr, sondern in der vor=menschlichen
noch chaotischen Materie (›prima materia‹), insofern
heidnisches Begehren, zeitlich vor dem Kreuz, das immer
die
Krux des anderen Körpers markiert.

Das ›corpus‹, leiblich=sinnliches Kontinuum (also nie
so zu verstehn, wie heute von KÖRPER geredet wird),
doppelt sich im ›opus‹, dem alchimistischen Werk
und schleust die noch ungeschiedene
»hermaphroditische« Materie in eine Spirale
von Wandlungen, die kreisförmig die
Stadien der ›nigredo‹ (Schwärzung, Tod,
Ungeschiedenheit, ikonographisch
oft durch einen Äthiopier (!)
markiert),
der ›albedo‹
(Weißung, Reinigung),
der ›citrinitas‹
(Gelbung) und
der ›rubedo‹

(der Rötung, des Feuers auf dem höchsten Grad, der Hochzeit der aufs äußerste differenten Elemente, des Gold=Seins) durchläuft (das vereinigte Produkt fällt wieder bereits in den Tod zurück:
›mortificatio‹ oder ›putrefactio‹ also Schwärzung, ›nigretudo‹).

Das Werk erscheint als die endlose Lust am Setzen der reinen Differenz und ihrer völligen Aufhebung:
Scheiden der Materialien, Mineralien,
Sinterung, Läuterung mit dem Ziel einer Transformation des ›corpus‹ zum Moment des Golds,
der äußersten illuminierten Potenz
— gleichsam DER körperliche Zustand der Materie —:

goldfiebernder, gefiberter, gefiederter Körper,
wild auf die unaufhörliche Metamorphose.

ES in der Alchimie also NIE um die Herstellung platten puren Goldes geht, auf diesem Wege auch nie Gold erzeugt wurde, sondern um das Erreichen eines ekstatischen körperlichen Moments, das in der sich differierenden Materie zittert,
an den Rändern des Risses,
wobei der IMAGINATION eine magische, wandlungsstiftende Kraft zugesprochen wird, ja die Imagination überhaupt erst den Prozeß schafft.

Dies, um das Begehren der Alchimie zu erLÄUTERN, das mir dem Begehren der Poesie sehr verwandt scheint, deren Material, die Sprache — als Laut, als Schrift — noch weiter in den Raum der Imagination hinausreicht: SchALL-chimie:
die Sprache als das Doppelte: mein sprachner Körper:
meine verrückten Agentia: sprachdurchschwirrter Körper:
molekülare Kettenbildung der Imagination: Projektion der Differenz in die zwittrige Materie...

Rimbauds Körper, das Medium seiner Poesie, ist selbst am Gären, aufgebracht durch die Stürme der Pubertät,

überrollt der kindliche Körper
von den Wundern und Gemeinheiten
der Genitalität
(von einer rüden Söldnerschar in Paris vermutlich zum Aufbrechen gebracht, vgl. das Gedicht »Das Herz des Hanswurst«)

Das »Trunkene Schiff« (ich bin versucht, es »Komödie des Willens« zu nennen)
erscheint wie eine Aufzeichnung dieses brodelnden, flüchtigen Körpers, der sich Worte erhascht, rasend gereihte, sich überlagernde Fetzen aus den rings einströmenden chaotischen Welten.
Brodeln, das sich LUFT, LUST verschafft, das sich Bahn bricht, Richtung Paris, vom
»Fleisch eines neuen Liebes=Körpers angezogen«.

Körper der ver=rückt gewordenen Bedeutungen:
wildhüpfende Wörter —
der sich vergeudende Körper,
der kochende Körper:
Umkippen dieser schmalen Planke von einer Stufe der Verwandlung zur nächsten,
Wechsel von Stauung, Ruhe und Explosion, Ekstase.

Sieht man die Rimbaudschen Gedichte als eine Reihe, so scheint sich vom ersten bis zum letzten etwas wie eine alchimistische Läuterung abzuspielen:
zunächst Durchlaufen der alten poetischen Körper
und Konventionen, die Vor=Bilder:
diese Waisenknaben, diese Ophelias, diese Nymphen,
diese unsäglichen Gehenkten, diese Schmiede,
diese romantischen Lieben...
Dann: der eigene gärende Körper, der in Sprache ausbricht, um bei ungeheuer komprimierten Texten anzulangen:
›Eternité‹, ›Age d'Or‹ ———— dem GOLD.

Ist erst die Bahn gebrochen:

Rimbaud, abgestoßen vom mütterlichen Körper (und ihn doch auf vertrackte Weise assimilierend) angewidert von den Frauen seiner Zeit, die ihm zumeist als pure Sklavinnen der Reproduktion erscheinen

(»Die heftige Verurteilung, die Rimbaud der Frau entgegenbringt, richtet sich gegen die Rolle, die sie in der patriarchalischen Gesellschaft zu spielen genötigt ist«, lesen wir bei Baudry)

Mutterwaise, Abgeblitzter, ab durch die ROMANE, die romantischen Illusionen, hinter denen die alten käuflichen Körper lauern

Erkennen des eignen Geschlechts im anderen (männlichen) Körper (Homo=filität)

Versuch, das Geschlecht als Agent einer knechtischen Sexualität zu durchkreuzen (»Die Liebe muß neu erfunden werden.«)

Aufspüren einer gesteigerten Spannung des Körpers, eines höheren Hungers (»Hab ich Gelüste, so doch nur auf Erde und auf Steine«)

Entfalten des Wunsch=Körpers der Geographie in endlosem Umherschweifen...

Rimbaud, dieses mürbe Kind.

Er eröffnete im Wort.
Im Wort zersprang der Block,
die Blockade des Hirns.
Das Wort enthob, verflüchtigte wie
wie beim Gehen das Aufsetzen des einen Fußes das Abheben des anderen ist.

»Allchimie — nicht um eine untergegangene Praxis wieder aufzuwärmen oder der modernen Naturwissenschaft den Rang abzulaufen sondern um das Paradigma einer ANDEREN Sehweise offenzuhalten.«

Rimbauds Arbeitsweise ist alchimistisch inspiriert:

para=doxes Umkippen der Bilder, Farben und Sinnes-Wahrnehmungen (und nicht nur in »Selbst=Laute« und dem »Trunkenen Schiff«), un=faßbar (»un=erhört«) für ein eingleisiges Vorstellungsvermögen, das es gewohnt ist, sich in EINEM schlüssigen Bild häuslich einzurichten. Viele, uns rätselhaft erscheinende Passagen (»Mein Hunger, das sind die Zotten schwarzer Luft«) entstammen der alchimistischen Werkstatt (Farbsymbolik, Motiv des Kreisenden, der Gärung etc etc).
Mit diesem Hinweis sei das Rätselhafte aber nicht eliminiert.

Rimbaud selbst spricht diese Neigung aus:

»Ich bestimmte Form und Bewegung jedes Konsonanten, und mit Hilfe frei fließender Körper=Rhythmen wollte ich — so schmeichelte ich mir — eines Tages eine poetische Sprache finden, die alle Sinne gleichzeitig entzündet (...)
Endlich, oh Glück, gelang es mir, vom Himmel das Blau, das eigentlich schwarz ist, abzusondern,
und ich lebte als Goldfunke des **kosmischen** Lichts.«

Und stürzt sie zugleich wieder um, unterwirft sie dem para=doxen Spiel seines poetischen Leibs:

»Nicht eine dieser Wahnsinns=Schlawinereien — des Wahnsinns, den man einschließt — war mir zu blöd: ich könnte sie alle herunterleiern, ich kenne das System.«

Ich mußte etwas anderes sehen, die Behexungen vertreiben, die mein Hirn besetzt hielten.«

Und, was Wunder, was sieht er nach der Abtreibung der heidnischen Schwarzkunst:

»Über dem Meer, das ich liebte, als sei es sein
Schicksal, mir einen Schandfleck wegzuspülen,
sah ich das tröstende Kreuz auf steigen.«

(Auszüge aus: »Eine Zeit in der Hölle; Wort=Allchimie«)

Die christliche Krux, aber beleibe nicht ist das der neue Ruhepunkt. Nirgends ein Verharren, der Text der gesamten Prosa von »Eine Zeit in der Hölle« springt, dissoziiert in wider=sprüchlichsten Stimmen, die sich manchmal gar überlagern, überschlagen, treibt aber dennoch hin zu einer Goldenen Wendung:

> »Das ist ausgestanden. Heute weiß ich, wie man die Schönheit grüßt.«

In den letzten Gedichten bahnt sich diese Wendung auch an, die SCHLACKEN fallen ab, der »goldene« Körper scheint
WAHR zu werden
in der poetischen Sprache ———
AFRIKA:
war das der Versuch den empirischen Körper ganz hinüberzulotsen, vom Brett der Sprache GANZ ab=zuspringen. Oder bereits Fazit der Scheiterung, Rückgang, ›negritudo‹?
(»Bin ich in die Falle gegangen? Ist die Wendung zu den Menschen meine Todes=Schwester?«)

Der Krux erlegen?
Was auf einem Bein durch die Welt stakst.
War er nicht ein Ausgestoßener,
expatriiert,
exiliert vom weiblichen Körper
(Was in »Meine kleinen Geliebten«
noch Hohn ist, wird in
»Karma Schwestern« bereits zu
einem bitteren Vermissen,
Ver=lust)

RIMBAUD, war das nicht doch nur eine TRÄNE
die sich für den Ozean hielt?

Die beiden Schwestern geflohn.
Nur noch die EINE Schwester, die Schwester des Tods.

Aber etwas von der Spur gehalten.

(»Und es ist mir vergönnt, die
Wahrheit in einer Seele und
in einem Körper zu tragen!«)

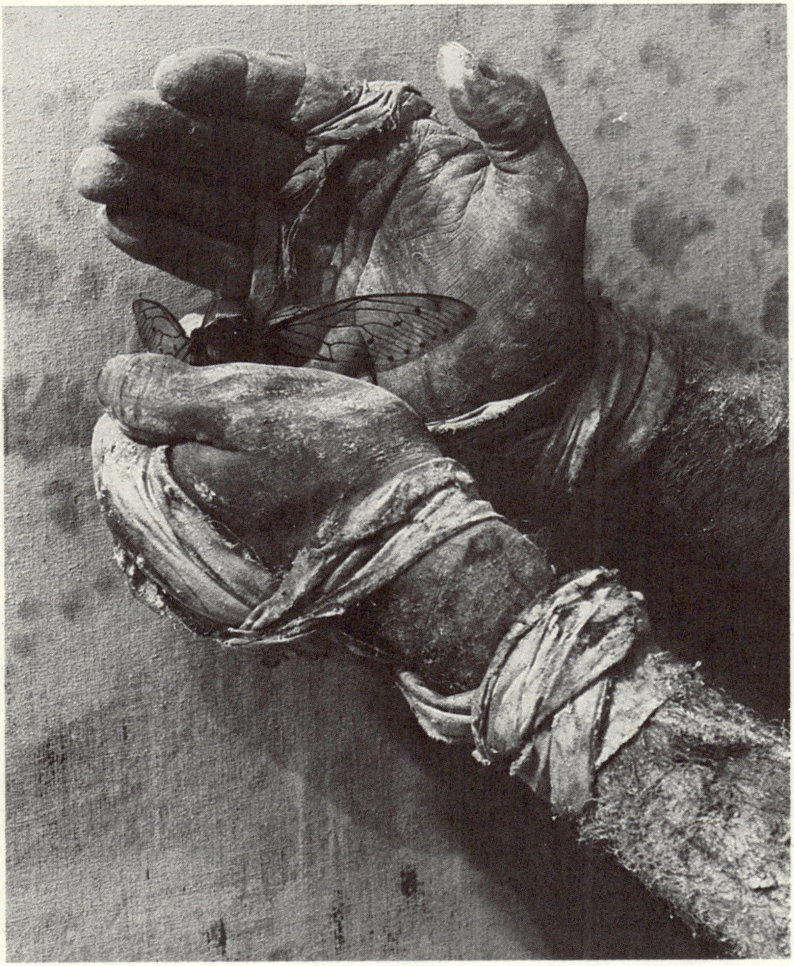

Anhang

(Exzerpte Rimbauds nach:
Bernhard de Saint-Pierre,
Etudes de la Nature)

FLIEGEN....

...ich beobachtete auf einer Erdbeerpflanze, die per Zufall an meinem Fenster war, kleine Fliegen, so putzig...ich behielt sie drei Wochen lang im Auge...alle verschiedenartig....von derart großer Vielfalt...und, um die Wahrheit zu sagen...die Fliegen die...die einen die andren durch ihre Färbung, ihre Form, ihr Gebaren...mit Streifen, Blaus, Grüns...andere spitz auslaufend wie Nägel. Bei manchen schien sie tiefschwarz wie ein Klacks schwarzen Samts; sie funkelte bei anderen wie ein Rubin. Nicht weniger Vielfalt wiesen ihre Flügel auf: einige... Jede pflegte sie anders zu halten und zu betätigen. Einige hielten sie in der Vertikale und hatten augenscheinliches Vergnügen, sie zu strecken... diese taumelten herum wie Schmetterlinge, jene manövrierten sich schnurgerade in die Lüfte...

Solch putzige kleine Fliegen, daß mich die Lust befiel, sie zu beschreiben. Am folgenden Tag sah ich eine andere Art die ich beschrie ich beobachtete sie drei Wo (sema) 37 ganz und gar differierende Arten aber am Ende wurde ich mit einer so großen Anzahl und Vielfalt konfrontiert, daß ich diese freilich vergnüglichen Studien unterließ, da mir die Muße fehlte oder, um die Wahrheit zu sagen: Ausdrucksmöglichkeiten die Fliegen die ich beobachtet hatte waren alle verschieden voneinander in Färbung, Form, Gebaren es gab goldene silberne bronzene getigerte blau- grüngestreifte bräunliche, schillernde die einen hatten Köpfe mit einem Turban umwickelt die anderen waren spitz ausgezogen bei einigen schienen sie tiefschwarz wie ein Winkel aus schwarzem Samt und sie funkelte bei anderen wie Rubin kaum weniger Vielfalt wiesen ihre Flügel auf die einen waren lang und schimmernd wie Perlmutt=Leisten andere kurz und breit die Netzen aus allerfeinster Gaze glichen diese flogen taumelnd jene indem sie gegen den Wind manövrierten mittels eines Mechanismus ähnlich dem der die Papierdrachen in die Lüfte hebt der sich gegen die Achse des Winds in einen Winkel von ich glaube 22 1/2 Grad legt.

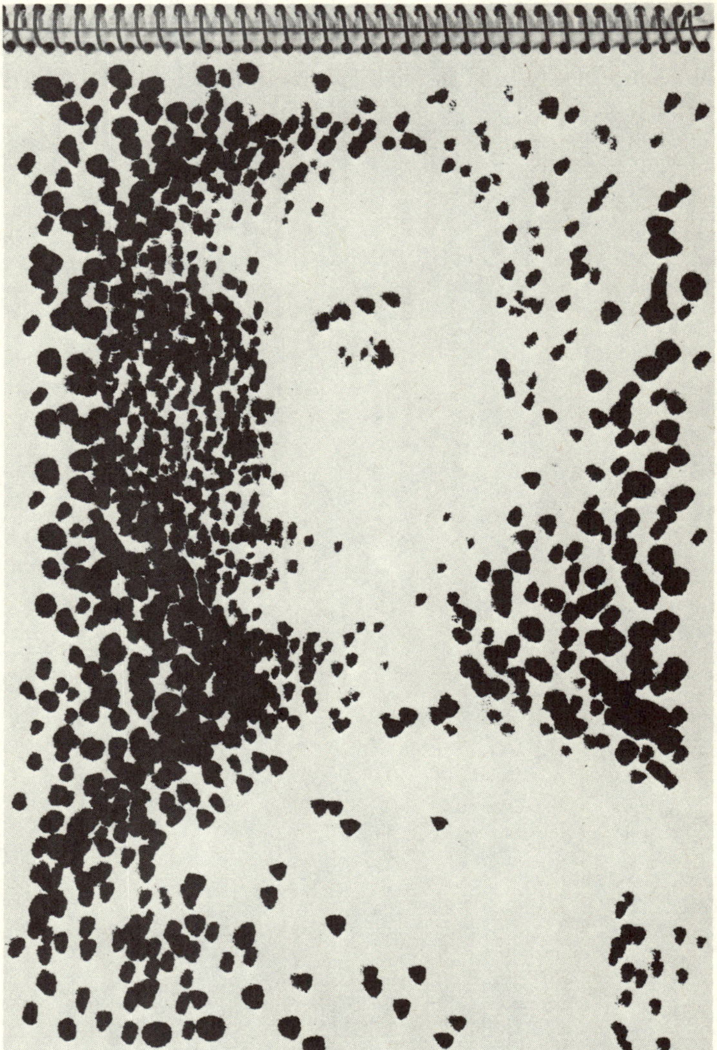

Arthur Rimbaud

FRÜHE Prosa

Schulprosa, 1864

Prolog

I.

Die Sonne war noch warm, doch erleuchtete sie kaum mehr die Erde; wie eine Fackel vor gigantischen Gewölben diese nur mehr mit einem schwachen Schimmer beleuchtet, so warf auch die Sonne, irdische Fackel, aus ihrem Feuerkörper einen letzten und schwachen Schein, der aber gerade noch die grünen Blätter der Bäume, die kleinen verwelkenden Blumen und die gigantische Höhe der Fichten, Pappeln und hundertjährigen Eichen erkennen ließ. Der Wind frischte auf, das heißt, eine leichte Brise bewegte die Blätter der Bäume, die raschelten wie die silbernen Wasser des Baches, der zu meinen Füßen floß. Die Farnkräuter krümmten ihre grüne Stirn im Wind. Ich duselte ein, nachdem ich dem Bachwasser reichlich zugesprochen hatte.

II.

Ich träumte, daß ....
.... ich in Reims geboren wäre, im Jahre 1503. Reims war damals noch eine kleine Stadt, oder besser gesagt, ein Marktflecken, allerdings mit einiger Berühmtheit wegen seiner schönen Kathedrale, in der König Clodwig gesalbt wurde.

Meine Eltern waren nicht besonders reich, dafür aber besonders rechtschaffen; ihr ganzes Habe bestand aus einem kleinen Haus, das ihnen schon immer gehört hatte und zwar schon zwanzig Jahre vor meinem Erscheinen; darüberhinaus waren da noch einige tausend Franken, und man muß hier noch die paar kleinen Goldtaler hinzurechnen,

die meine Mutter durch kluges Wirtschaften zusammengespart hatte...
Mein Vater war Offizier in der königlichen Armee. Er war groß, mager, schwarzhaarig; Bart, Augen und Haut von gleicher Farbe... Obwohl er bei meiner Geburt nicht älter als 48 oder 50 war, hätte man ihn ebenso gut für 60 oder 58 halten können. Sein Temperament war lebhaft, aufbrausend, jähzornig, und er konnte überhaupt nichts tolerieren, was ihm nicht paßte.

Meine Mutter war ganz anders: eine sanfte, ruhige Frau, die die über die kleinste Maus zu Tode erschrak. Und doch hielt sie den Haushalt in vorzüglicher Ordnung. Sie war so still, daß mein Vater sie wie ein kleines Fräulein aufziehen konnte. Ich war der am meisten Geliebte. Meine Brüder waren nicht so tapfer wie ich, dafür aber größer: ich haßte die Lernerei, d. h. lesen, schreiben und rechnen lernen... aber wenn es darum ging, ein Haus zu reparieren, einen Garten zu bestellen, Einkäufe zu tätigen — dufte, das gefiel mir.

Ich erinnere mich, wie mein Vater mir eines Tages 2 Groschen versprach, wenn ich ihm eine saubere Division durchführen würde; ich begann, aber ich kam an kein Ende. Ah! Wie oft hat man mir nicht Groschen, Spielsachen, Süßigkeiten, und einmal sogar fünf Franken versprochen, wenn ich ihm... etwas vorlesen könnte... Doch trotz all dem schickte mich mein Vater im zarten Alter von zehn Jahren in die Schule.

Warum, sagte ich mir, Griechisch und Latein lernen? Ich weiß es nicht. Damit kann man doch gar nichts anfangen! Was kümmern mich die Zeugnisse... Wozu ist das gut, Zeugnisse, zu nichts, gell? Aber man hält mir vor, daß man keine Anstellung bekommt, wenn man keine guten Zeugnisse hat. Ich für meine Person verzichte gern auf eine An=Stellung, ich will RENTNER werden. Und selbst wenn man partout eine haben müßte, wozu Latein lernen; kein Mensch spricht diese Sprache.

Manchmal sehe ich etwas davon in den Zeitungen, aber gott sei dank will ich ja kein Zeitungsfritze werden.

Warum Geschichte und Geographie lernen? Man muß, sehr richtig, wissen, daß Paris in Frankreich liegt, aber wen interessiert es, auf welchem Breitengrad? Geschichte, das Leben von Chinaldon kennenlernen, von Nabopolassar, von Darius, von Cyrus und Alexander und von all den anderen Kumpanen, die nur wegen ihrer teuflichen Namen berühmt sind — ist das nicht eine Marter?

Es ist mir piepegal, daß Alexander ein berühmter Mann war! Piepegal ist mir das...

Weiß man, ob die alten Römer überhaupt jemals existiert

haben? Vielleicht ist Latein eine erfundene Sprache, und wenn es sie doch gegeben hat, sollen sie mich doch RENTNER werden lassen und ihre Sprache für sich behalten! Was habe ich ihnen denn getan, daß sie mich mit ihrem Kauderwelsch martern!
Kommen wir zu den Griechen... Diese widerliche Sprache wird von keinem Menschen in der ganzen Welt gesprochen!... Ah! Verflixt und zugenäht! Verflucht noch mal, ich will RENTNER werden; das ist doch Scheiße, sich die Hosen auf den Schulbänken abzuwetzen... Himmel, Arsch und Zwirn!
Um Schuhputzer zu werden, um die Anstellung eines Schuhputzers verpaßt zu kriegen, soll man ein Examen machen, denn die Anstellungen, die einem hier eingeräumt werden, sind entweder Schuhputzer oder Schweinehirt oder Ochsentreiber. Vielen Dank, ich mag nicht, nee, ich nicht, verflixt und verlaust!
Da fallen als Belohnung doch nur Backpfeifen ab, man nennt einen Tier, was wirklich übertrieben ist, oder Knirps etc. Ach zum Kuckuck! Fortsetzung folgt.

Arthur 1864

Charles d'Orleans an Louis XI

SIRE, die Jahreszeit hat abgetan ihren Regenmantel; es sind gekommen des Sommers Quartiermacher: weisen wir der tristen Melancholey die Tür! Es solln leben die Leis und Balladen, die Morithaten und die Schwänke! Da möchten uns darbieten die Candidati der Basoche ihre toll Possen: hören wir die Morithat vom Klugen und vom Tumben, und des Magister Theophilus Bekehrung, und allwie der heilige Peter und der heilige Paul nach Rom gelanget, und allwie sie daselbst gemärtert warden! Es solln leben die Damen mit den tief Decolletés und mit all ihrem Putz und Wirkereien!

Nicht wahr, SIRE, unter Bäumen, wenn die Himmel in blau Gewänder gehüllt sich haben, wenn helle leuchtet die Sonne — ist das nicht eine Freud zu sagen die süßen Rondos, die hoch und hell sungenen Balladen? »Ich hab ein Baum, den Lieb' gepflanzt«, oder: »Sagt ein Mahl Ja, mein Dame«, oder: »Reicher Buhl hat immer besten Trumpf«...

Doch das hat mich geschlagen, SIRE, und es wird euch zu Muthe sein wie mir: Magister Franz Villon, der muthwillig Scherzer, der anmuthig Spötter, der all diese Vers gereimt, hinter Gittern, bei Wasser und Brod, jetzo greint und lamentisiert im Kerker des Châtelet! »Hangen sollst du!« sagt ihm das Gericht: und der arme Tändler, schröcksteif, hat sein und seiner Genossen Grabschrift schon gefaßt: und die scharmanten Galans, dero Verse ihr wohl liebet, in Montfaulcon erwarten ihren Tanz, mehr gepickt von Vögel als Fingerhüt, im Nebel und in all der vielen Sonne!

Oh, SIRE, Villon sitzt daselbst nicht zu seiner Muse! Arm Staubwischer haben Mühsal schon genug! Candidati, die zur Universitäten wolln gelassen werden, Hanswürst, Affenführer, Bettelfiedler, die ihre Zech mit Liedern zahlen, Stallknecht, Zweitalerherrn, Reiter, dero Nasen besser sind aufgehoben in Zinkbechern denn in Kriegshelmen — all die arm Kinder, allwie Ofenwichser schwarz und dürr,

die Brod immer nur hinter der Scheiben erschaun, und nur der Winter mummt ihre frorenen Finger — zur Ziehmutter haben sich erkieset Magister Franz! Freilich, Not verführet zu Missetaten, und Hunger treibet den Wolf aus dem Wald: hat vielleicht der Scholar eines Hungertags ein Pärchen Kaldaunen dem Metzler aus seinem Zuber geklaubt, und hat in der Schenke Papin oder Taverne Pestel ein Frikassé sich bescheret? Hat er vielleicht beim Pfister ein Dutzend Wecken stibitzt, oder hat er vielleicht im Tannzapf ein Kann klar Wasser mit ein Kann Wein aus Bagneux verwechselt? Hat er vielleicht ein Abend, wo Rambo Zambo im Zinnkrug, dem Nachtwächter eins auf den Zinken geben? Oder hat man bei Montfaulcon ein Mahl sie schlemmen sehn, das mit blank Fäusten sie erzahlt, und mit einem Decher Dirnchen dabei?
Sind das alldieweilen die Missetaten des Magister Franz! Weil er den dick Kanonikus uns zeigt techtelmechteln mit seiner Dam in einer wohl ausstaffiert Kammer, und weil er sagt, daß Herr Kaplan sehr lasch mit der Beicht es hält, allso lang die Mägdlein und Dämchen er misset, und allwie den Ergebnen in fein Spott er geraten, alldurch Bettgardinfranseln eifrig zu bekennen — soll dafür der tolle Scholar, des Lachens allso voll und des Sangs, schmuck allwie ein Lerchfalke, unter der hohen Richter Klaue schaudern, so erschröcklich schwarz Vögel, die Raben und Elstern im Geleit?

Er und sein Gesellen, arm Schlucker, sie solln windeln in die Finger des Walds ein neuen Rosenkranz: wird der Wind ihnen zutragen Lieder alldurch das süß klingend Laub: und Ihr, SIRE, und die den Dichter wohl leiden, werdet nimmer ohne Tränen lachen, wann seine Balladen Ihr lest: immer werdet Ihr des anmutig Scholars gedenken, der allso lebensüberschwänglich sang, und den man hat sterben lassen, und nimmer wird weichen triste Melancholey von der Schwellen!

Gauner, Spitzbub, Magister Franz bleibt alldoch der best Gesell von der Welt: gießt sein Schabernak in der Mönche fett Suppen: doch achtet, was Gottes Kirch erachtet, und die Jungfrau und unser allheilig Dreifaltigkeit! Doch achtet das Parlament, der Guten Mutter und Schwister der gebenedeit Engel; wer Frankreichs Kron will schmähn, dem wünscht er allso viel Übel, allwie den Wirten, die den gut Wein verschneiden. Und wohl! Er weiß, daß allzu toll ers getrieben zu seiner wilden Jugendzeit!

Zu Winters, wann Abend und Hunger, am Brunn von Maubuay oder Badhausschuppen: wann er vor ein klein Feuer von Hanfstengel gekauert, das flackrig zuweil seine dürr Visage tut röten, denkt er, allwie er Bleib und warm Lager hätt, tät früher bloß er studieren!... Schwarz und verrußt oftmahlen, allwie ein Kehrbesenreiter, lukt durch der Türen Ritzen er in die Stuben: »OH! Der köstlich Leckerbissen! Die Torten und Fladen, die fett und goldig braun Hennen! — Ich bin hungrig allwie Tantalus! — Braten! Braten! — OH! Wie duftet es lieblicher noch als wie Ambra und Zibet! — Aus Beaune der Wein in großen silbrig Kannen! — HE! Was brennt mir die Gurgel! Oh, tät ich bloß studieren!... — Aber mein Hos zeiget die Zunge, und mein Rock sperrt all Fenster auf, und mein Filzhut hat Sägzähn! — Ach, käm ein mitleidig Alexander über mein Weg, dann wollt ich, behaglich und Stiefel auszogen, nach meiner Weis singen allwie Orpheus, der wundersüß Spielmann! AH! Könnt ich leben nur ein Mahl in Ehren vor meinem Tod!...«

Doch so ist nicht wahr: ein Abendspeis von Rondos, von Lichtwirkereien des Monds auf alt Dächern, von Lichtwirkereien der Latern auf dem Pflaster — das ist mager, sehr mager! Und dann tänzeln in kurz und eng Röcken die billig Hürchen daher, mit ihrem zärtlich Getue, die Leut zu locken; und dann sehnt er den Glanz der Tavernen, vom Schrein der Saufer voll, und die stoßen an mit den Zinkbechern und manchmahl auch mit den blank Degen.. und das Gelächter der Dirnen und der scharf Ton der Bettelfiedeln; und er sehnt nach den alten, schwarzen Gassen, allwo Giebel und wuchtig Balken allwie toll aufragen, daß sie sich gar berühren... allwo in stockfinstrer Nacht, beim Klapperklang der Rapiere, umgeht Lachen und scheußlich Geschrei ... und heim kehrt der Vogel in sein alt Nest: Alles den Tavernen und Alles den Dirnen!...
Oh, SIRE, dem Wind nicht können zeigen sein Gefieder

in dieser Zeit der Freud! Der Strick ist sehr trist im Mai, allwo alles singt und alles lacht, wann die Sonn schwadroniert gar auf aussätzig Mauern! Daß man sie henke für ein geprellt Zech? Villon in den Händen des Hohen Gerichts: den klein Piepmatz wird der Rab nicht erhören! SIRE, das tät ein schlimmer Fehlgriff sein, die lieben Geselln an Galgen zu hangen! Diese Dichter, seht, sind von dieser Welt nicht: sie solln leben ihr merkwürdig Leben, sie solln hungern und frieren, sie solln streunen und lieben und singen: sie sind all so reich wie Jacques Coeur, all die tollen Kinder, denn voll sind ihre Herzen mit Versen, Verse, die lachen und Verse, die weinen, die uns machen lachen und uns machen weinen: sie solln leben: Gott segnet alle mit mitleidig Herzen, und die Welt segnet die Dichter!

A. RIMBAUD
(Frühjahr 1870)

Ein Herz unter einer Soutane

Intimitäten eines Klosterzöglings

... O Thimothina Labinette! Jetzt, da mich wieder das geweihte Kleid bedeckt, darf ich mich der Leidenschaft ent=sinnen, die abgekühlt unter der Soutane schlummert, und die letztes Jahr mein Herz eines Jünglings unter seiner Kloster=zöglings=Kutte wild zum bumsen brachte!...

1. Mai 18...

... Es lenzt. Die Weinstaude des Abbé Y. knospt in ihrem Topfboden: der Baum im Hof kriegt kleine, zarte Triebe, die gleich grünen Tropfen die Zweige beflecken; gestern, als ich aus dem Schulsaal kam, sah ich im Fenster des 2. Stocks etwas, was dem Nasenchampignon des Priors X. glich. Die Halbschuhe von J. muffen nicht schlecht; und ich konstatierte, daß die Zöglinge recht häufig austreten, um im Hof ... zu lassen: die sich im Büffeln wie Maulwürfe verbohrt hatten, zusammengepfercht, in ihre Bäuche versackt, die roten Schnauzen in Richtung Ofenpfanne gedreht, mit schwerem und warmem Kuhatem — gerade sie bleiben jetzt so ausgiebig an der frischen Luft, und wenn sie zurückkommen, kichern sie und schließen den Isthmus ihrer Hosen unheimlich pingelig — nein, daneben: unheimlich umständlich, — und mit großem Trara: anscheinend haben sie an dieser recht mechanischen Handlung einen Narren gefressen — eine Handlung, mit der es nichts weiter auf sich hat, als daß sie extrem seicht ist ...

2. Mai ...

Der Prior hat gestern seine Klause verlassen, und, die Augen geschlossen, die Hände im Verborgenen, ängstlich & fröstelnd, hat er seine kanonischen Schlappen hinter sich über den Hof geschleift!...
Mein Herz, das schlägt den Takt in meiner Brust, und meine Brust, die bumst gegen mein schmieriges Schreibpult! Oh! Wie hasse ich heute die Zeit, als die Schüler

fette Mutterschafe waren, die in ihren dreckigen Roben schwitzten und in der verstunkenen Luft des Lernens schnarchten, beim Gaslampenschein, in der faden Hitze der Ofenpfanne!...
Ich breite meine Arme aus! Ich seufze, ich breite meine Beine aus ... Ich spüre da Sachen in meinem Ballon, Teufel, Sachen sind das!...

4. Mai...

... Stellt euch vor, gestern, da konnte ichs nicht länger halten: wie der Erzengel Gabriel spreizte ich die Schwingen meines Herzens. Der Odem des Heiligen Geists durchquerte mein Wesen! Ich packte meine Leier, und ich sang:

So komm doch!
Erhabene Maria!
Liebe Mutter!
Des süßen Jesus!
Heiliger Christ!
O schwangere Jungfrau,
O heilige Mutter
Erhöre mich!

O! Wüßtet ihr um die mysteriösen Ausdünstungen, die meine Seele schwängerten, derweil ich diese poetische Rose entblätterte! Ich packte meine Zither, und ganz wie ein Psalmen-Dichter erhob sich meine jungfräulich=reine Stimme in die himmlichsten Regionen!!!
O HÖHE ALLER HÖHEN!....
....

7. Mai...

Schade! Meine Poesie hat die Flügel wieder eingezogen, aber ganz wie Galilei werde ich, mit Schimpf & Folter gepreßt, murmeln: Und sie bewegt sich doch! — ich meine: Und sie bewegEN sich doch!
Ich war so fahrlässig, die obige Eintragung zu verlieren ... J. hat sie aufgelesen, J., dieses TIER von einem Janseniten, der schmierigste Schmierlappen des Prior~; er hat sie

natürlich gleich klammheimlich seinem Meister apportiert; aber um mich dem Gelächter aller Welt auszuliefern, hat dieses Monster noch all seinen Genossen meine Poesie zugespielt!

Gestern hat der Prior mich zu sich zitiert: ich betrete aufrecht & erhobenen Haupts sein Gemach, ich bin stark in meinem Innersten. Über seine kahle Stirn zittert wie ein verstohlenes Wetterleuchten sein letztes Rothaar: seine Augen entrollen ihrem Fett, aber doch ruhig & friedlich; sein Schlägel=Zinken wackelte wie gewöhnlich: er lispelte ein »Lasset=uns=beten«: er benetzte die Spitze seines Daumens, blätterte ein paar Buchseiten um, und zieht einen schmutzigen & verkrumpelten Papierfetzen hervor ....

Erhababababene Maariaia!...
Liebbebe Muuhutter!

Er besudelte meine Poesie! Er spie auf meine Rose! Er machte auf Trottel, Hanswurst, Blödian, um diesen virginalen Gesang zu beflecken, zu verdrecken! Er nuschelte und dehnte jede Silbe mit einem konzentrierten Haßgemecker: und als er beim 6. Vers ankam,... SCHWANGERE JUNGFRAU! stoppte er, verbog seinen Zinken, und! »SCHWANGERE JUNGFRAU! SCHWANGERE JUNGFRAU!« exklamierte er! Und das in einem Ton, indem er sein Proemium=Abdomen wie eine Ziehharmonika schüttelte, in einem derart scheußlichen Ton, daß eine keusche Röte meine Stirn beschlug. Ich fiel auf die Knie, die Arme zur Decke gereckt & rief: O mein Vater!

....

»Deine Lei=eier! Deine ZYther! Junger Mensch! Deine ZYther! Mysteriöse Ausdünstungen! Die dir die Seele schwängern! Das hätte ich sehen müssen! Junges Seelchen, ich erkenne da, in dieser unfrommen Konfession, etwas Mondänes, eine gefährliche Haltlosigkeit, VERFÜHRUNG, mit einem Wort!«

Er schwieg, sein Abdomen waberte auf & ab: dann, feierlich: »Junger Mensch, hast du den Glauben?...

— Mein Vater, warum dieser Diskurs? Scherzen eure Lippen?... Aber ja doch, ich glaube an all das, was meine Mutter mir sagt... die Heilige Kirche!

— Aber ... schwangere Jungfrau!... Das ist doch die

Unbefleckte Empfängnis, das, junger Mensch, das ist die Unbefleckte Empfängnis! ...
— Mein Vater! Ich glaube an die unbefleckte Empfängnis ...
— So ists recht! Junger Mensch! Da wäre noch eine Sache ...«
... Er schwieg... — Dann: »Der junge J. hat mir berichtet, er habe bei dir während der Hausaufgabenzeit ein Beinespreizen bemerkt, das täglich notorischer werde. Er versichert gesehen zu haben, wie du dich mit deiner ganzen Länge unter dem Pult breit gemacht hast, und das in der Art eines jungen Manns, der anfängt zu... VERLOTTERN. Das sind Fakten, die du wohl nicht abstreiten wirst? ... Komm näher, auf den Knien, ganz nah zu mir; ich will dich voll Sanftmut befragen; antworte: du spreizt also während des Lernens deine Beine?«
Dann legte er mir die Hand auf die Schulter, um den Hals, seine Augen blitzten auf, und er ließ mich Sachen sagen über dieses Beinespreizen ... Ich schenke mir den Rest. Ich will euch nur sagen, daß das ganze ziemlich widerlich war, weiß ich doch, was es mit solchen Szenen auf sich hat!...
Man hatte mich also verpfiffen, man hatte mein Herz & meine Scham beleidigt — und ich konnte dazu rein gar nichts sagen, über diese Zuträgereien, die anonymen Zettel der Zöglinge jeder gegen jeden, diesem Prior, der das alles nicht nur zuläßt, sondern gar noch verlangt — und ich kam aus dem Zimmer, gef... von der Hand dieses Fettsacks!...
Dieses Scheißkloster!...
....

10. Mai.

Ach! Meine Mitzöglinge sind von schlimmster Bosheit und Schlüpfrigkeit. Zur Hausaufgabenzeit wissen sie schon alles, diese Blattläuse, die Geschichte meiner Verse, und wenn ich den Kopf wende, schaue ich in die Visage des engbrüstigen D., der mir zuraunt: Und deine Zither? Was macht deine Zither? Wie gehts deinem Tagebuch?

Und der bekloppte L. fällt ein: Und deine Leier? Und deine Zither?
Und drei oder vier raunen im Chor:

Erhabene Maria...
Liebe Mutter!

Was bin ich für ein Einfaltspinsel! — Jesus, ich könnte mir in den Arsch beißen! — Aber wenigstens verpfeife ich niemanden, wenigstens schreibe ich keine anonymen Schmierzettel, und außerdem habe ich ganz solo für mich meine heilige Poesie und meine Scham! ...

12. Mai...

Ahnet ihr nicht, warum in Liebe
ich schmacht?
Die Blume sagt: »Hallo!«, der Vogel wünscht
mir gute Nacht:
HALLO!
Es lenzt!
Der Engel der Zärtlichkeit.
Ahnet ihr nicht, warum ich trunken
mich verzehr?
Engel meiner Oma, Engel meiner Wiege,
Ahnet ihr nicht, daß zum VOGEL
ich werd?
Daß meine Leier bebt & meine Flügel
flattern
wie ein Schwälbchen?...

Ich habe diese Verse gestern in der Pause verfaßt: ich ging in die Kapelle, ich schloß mich in einen Beichtstuhl ein, und dort konnte meine junge Muse flattern & steigen, in Den Traum & in Das Schweigen, hin zu den Sphären der Liebe. Dann, da man mir Tag & Nacht die kleinsten Papierschnipsel aus den Taschen klaubt, habe ich diese Verse ganz unten in den Saum meines Unterhemds genäht, da wo es meine Haut berührt, und während des Lernens ziehe ich unter meinen Kleidern meine Poesie ans Herz, drücke sie träumend endlos lange dort ...

15. Mai.

Die Geschehnisse haben sich überstürzt seit meiner letzten Eintragung, und es sind äußerst feierliche Geschehnisse, die auf mein zukünftiges & inneres Schicksal einen großen Schatten werfen, der zweifellos erschrecklich ist!

Thimothina Labinette, ich himmle dich an!
Thimothina Labinette, ich himmle dich an!
ich himmle dich an!

Laß mich zu meiner Laute singen wie der göttliche Psalmist zu seinem Psalterion, wie ich dich erblickte, und wie mein Herz auf deines hüpfte in ewiger Liebe!

Donnerstag war Ausgangstag: zwei Stunden dürfen wir ausgehen; ich bin ausgegangen: meine Mutter hatte mir in ihrem letzten Schrieb aufgetragen: »... mein Sohn, du wirst deinen Ausgang platterdings dazu benutzen, bei Herrn Cäsarius Labinette vorzusprechen, der ein Kunde deines seligen Vaters war; es ist von Nöten, daß du ihm noch dieser Tage vor deiner Weihe vorgestellt wirst...«

... Ich präsentierte mich Herrn Labinette, dem ich auf ewig verpflichtet bin, denn er dirigierte mich ohne ein Wort zu verlieren in die Küche, und ich war dort ganz allein mit Thimothina, seiner Tochter: sie packte ein Geschirrtuch und rieb eine dicke, bauchige Schale, die sie gegen ihr Herz preßte. Und nach einem langen Schweigen sagte sie abrupt: »Naah, Herr Leonhard? ...«
Bis dahin, zu konfus, mich mit dieser jungen Kreatur in der Einsamkeit einer Küche zu realisieren, hatte ich die Augen zu Boden geschlagen und in meinem Herzen mehrmals den geheiligten Namen der Maria angerufen: ich hob errötend die Stirn, und, mit der Schönheit meines Gegenübers konfrontiert, konnte ich nur noch ein kleinlautes: »Mein Fräulein?« lallen ...
Thimothina! Wie warst du schön! Wäre ich ein Maler, ich hätte deine sakralen Züge auf die Leinwand gebannt und das Gemälde »Die Jungfrau mit der Schale« genannt! Aber ich bin nur Poet, und meine Zunge kann dich nur unzulänglich preisen ...

Der schwarze Küchenherd, aus dessen Löchern die Glut gleich roten Augen flammte, ließ in feinen Schwaden seinen Töpfen den himmlichen Duft einer Kohlrübensuppe entfahren; und davor DU, mit deiner aparten Nase schnuppertest den Duft des Gemüses ein, schautest zu deinem dicken Kater mit deinen schönen Grau=Augen, oh du Jungfrau mit der Schale, du riebst so eifrig dein Gefäß! Die glatten & glitzernden Strähnen deiner Haare klebten keusch an deiner Stirn, gelb wie die Sonne. Von deinen Augen lief eine bläuliche Furche bis ins Zentrum deiner Wange, wie bei der heiligen Theresia! Deine Nase, voll vom Duft der Bohnen, blähte ihre delikaten Nüstern. Ein zarter Flaum schlängelte sich über deinen Lippen und trug nicht wenig dazu bei, dein Gesicht mit einer schönen Kraft zu veredeln. Und an deinem Kinn brillierte ein schönes, braunes Mal, um das ein schöner Flaumbart zitterte: dein Haar wurde gescheit von Nadeln an deinem Hinterkopf festgehalten. Doch eine kurze Locke war entwischt... Ich suchte vergeblich nach deinen Brüsten: du hattest keine: du machst dir nichts aus diesem mondänen Putz: dein Herz sind deine Brüste! ... Als du dich umdrehtest, um mit deinem großen Fuß deinem güldenen Kater einen Tritt zu versetzen, da sah ich die vorspringenden und dein Kleid bauschenden Schulterblätter, und der Pfeil der Liebe penetrierte mich, angesichts dieses graziösen Gewindes der beiden markanten Biegungen deiner Lenden! ....

Seit diesem Augenblick himmelte ich dich an: nicht etwa wegen deiner Haare himmelte ich dich an, nicht etwa wegen deiner Schulter=Blätter, und auch nicht wegen der Windungen deines Hinterteils: was ich an einer Frau liebe, an einer Jung=Frau, das ist ihre heilige Be=scheidenheit. Was mich vor Liebe hüpfen läßt, das ist schamhaftige Frömmigkeit: und das wars, was ich an dir anhimmelte, junge Schäferin!...

Ich trachtete danach, ihr meine Leidenschaft sichtbar zu machen. Und übrigens, mein Herz, mein Herz verriet mich! Ich antwortete nur stockend & stammelnd auf ihre Befragung. Einige Male entschlüpfte mir eine »gnä' Frau« statt eines »gnädiges Frollein« — in meiner schieren Verwirrung! Ich spürte, wie ich mehr & mehr den magischen

Akzenten ihrer Stimme erlag. Endlich entschloß ich mich zu voll=ständiger Hingabe, alle Schleusen geöffnet: und bei ich weiß nicht mehr welcher Frage, die sie mir stellte, ließ ich mich rücklings auf meinen Stuhl sacken, ich preßte eine Hand ans Herz, und mit der anderen packte ich in meiner Tasche einen Rosenkranz, dessen weißes Kreuz ich immer wieder durch die Finger gleiten ließ, und, ein Aug' auf Thimothina, das andre am Himmel, antwortete ich schmachtend & zärtlich, wie ein Hirsch seiner Hirschkuh: »O! Ja! Mein Fräulein ... Thimothina!!!«
MISERERE! MISERERE! — In mein verzückt zur Decke gedrehtes Auge fällt plötzlich ein Tropfen Salzlake, der von einem Schinken stammte, der ausgerechnet über meinem Haupt schwebte. Und als ich rot vor Scham, unsanft aus meiner Leidenschaft gerissen, meine Stirn senkte, da bemerkte ich, daß meine linke Hand statt des Rosenkranzes eine braune Babysaugflasche umklammerte: — meine Mutter hatte sie mir letztes Jahr anvertraut, um sie dem Kleinen der Frau Dingsbums zu schenken! — Aus dem Auge, das zur Decke aufgerichtet war, troff bittere Salzlake: — Aber aus dem Auge, das DICH ansah, oh Thimothina! rann eine Träne, Träne der Liebe & Träne des Schmerzes!...

....

Kurze Zeit — eine Stunde — später, als Thimothina mir einen Imbiß aus Bohnen und Eierkuchen annoncierte, antwortete ich gedämpft, ganz ergriffen von ihren Reizen: »Mein Herz ist zum bersten voll, sehen Sie doch, das ruiniert mir den Magen!« Und ich begab mich zu Tisch. O! Ich spüre es noch immer, ihr Herz hatte dem meinen in seinem Anruf geantwortet: während des kurzen Imbisses aß sie nichts.

»Findest du nicht, daß es hier irgendwie riecht?« wiederholte sie. Ihr Vater kapierte nicht, aber mein Herz hatte kapiert: Das war die Rose Davids, die Rose Jesses, die mystische Rose der Heiligen Schrift! Das war die LIEBE!

Sie erhob sich abrupt, ging in eine Küchenecke, und derweil sie mir die doppelte Blume ihrer Lenden demonstrierte,

tauchte sie ihren Arm in einen unförmigen Haufen von Stiefeln und diversem Schuhzeug, woraus ihr dicker Kater schoß. Und das ganze schmiß sie in einen alten leeren Wandschrank. Dann kehrte sie zu ihrem Platz zurück und prüfte die Luft mit besorgter Miene. Plötzlich runzelte sie die Stirn und platzte heraus:
»Das riecht ja noch immer!...«
»Ja, es riecht«, erwiderte ihr Vater, ziemlich blöde (er kapierte gar nichts, dieser Ignorant!).
Aber ich begriff sehr scharf, daß bei all dem, was in meinem jungfräulichen Fleisch sich abspielte, es sich nur um die inneren Konvulsionen ihrer Leidenschaft handeln konnte! Ich himmelte sie an, und ich ließ mir liebevoll den güldenen Eierkuchen munden, und meine Hände klopften den Takt mit der Gabel, und unter dem Tisch schauderten meine Füße vor Wohlbehagen in ihrem Gehäuse!...
Aber das setzte mir einen Lichtpfeil, das war wie ein Unterpfand ewiger Liebe, wie ein Diamant der Zärtlichkeit von Seiten Thimothinas, das war diese scharmante Gefälligkeit, die sie bei meinem Abschied an den Tag legte, als sie mir mit einem Lächeln und den Worten: »Wäre das nichts für Ihre Füße, Herr Leonhard?« ein paar weiße Socken überreichte.

....

16. Mai.

Thimothina, ich himmle dich an, dich und deinen Vater, dich und deinen Kater:

Thimothina {
... Vas devotionis,
Rosa mystica,
Turris davidica, ora pro nobis!
Coeli porta,
Stella Maris,

17. Mai.

Was schert mich jetzt noch das Gelärme der Welt und des Studiums? Was kratzen mich die, welche Faulheit und Schlaffheit an meiner Seite krümmt?
Heute morgen klebten alle Köpfe schlafschwer an den Pulten: ein Geschnarche, ähnlich dem Posaunenstoß des Jüngsten Gerichts, ein dumpfes und langgezogenes Schnarchen erhob sich aus diesem weiten Garten Gethsemani: Ich, stoisch=heiter=aufrecht, schwang über all diesen Zombies wie eine Palme über Ruinen, ich verachtete die obszönen Gerüche & Geräusche, ich stützte meinen Kopf in meine Hand, ich hörte mein von Thimothina randvolles Herz bumsen, und meine Augen tauchten in den Azurhimmel ein, der ein wenig durch die obere Fensterscheibe lukte!...

18. Mai.

Gelobt sei der Heilige Geist, der mir diese scharmanten Verse inspiriert hat: diese Verse, ich verwahre sie im Schrein meines Herzens, und falls der Himmel ein Wiedersehen mit Thimothina vor=gesehen hat, werde ich sie ihr schenken: als Ausgleich für die Socken!...

Das Gedicht heißt: »Die Brise«:

In seiner Kotton=Abgeschiedenheit
Schläft süßen Odems Zephir.
In seinem Nest aus Woll' und Seid'
Schläft kecken Kinns Zephir!

Wenn Zephir seine Schwinge spreizt,
In seiner Kotton=Einsamkeit,
Wenn er eilt, wohin die Blum' ihn ruft,
Dann riecht sein süßer Odem gut!

O destillierteste Brise!
O Liebes=Destillat!
Wenn der Tau gewichen ist,
Ihr Duft sich in den Tag ergießt!

Jesus! Joseph! Jesus! Marien!
Sie macht, gleich Kondorschwingen,
Den frommen Beter schlapp:
Sie durchdringt und bringt den Schlaf.
. . . .

Der Rest ist zu innerlich und zart: ich konserviere ihn im Tabernakel meiner Seele. Beim nächsten Ausgang werde ich das meiner göttlichen & duftenden Thimothina vortragen.
Bis dahin bewahren wir Ruhe und Selbstbescheidung.
. . . .

DATUM UNSICHER. — Nur mit der Ruhe!...

16. Juni!

Herr, dein Wille geschehe: ich werde mich nicht sträuben! Wenn es dir beliebt, von deinem Diener die Liebe Thimothinas abzuziehen, so steht dir das zweifellos frei: aber Herr Jesus, hast nicht auch du geliebt, und hat die Lanze der Liebe nicht auch dich zu den Leiden der Unglücklichen herabsteigen lassen? Verwende dich für mich!
Oh! Was habe ich diesen Zwei-Stunden-Ausgang des 15. Juni er=wartet! Ich hatte meine Seele hingehalten, ich hatte ihr ver=sprochen: an jenem Tag wirst du frei sein:

Am 15. Juni hatte ich mir meine paar bescheidenen Haare gekämmt, und unter Verwendung einer wohlriechenden Rosenpomade hatte ich sie an meine Stirn geklebt, ganz den Strähnen Thimothinas nachempfunden; und außerdem hatte ich mir die Augenbrauen eingeschmalzt. Mit penibler Sorgfalt hatte ich meine schwarzen Kleider gebürstet, gewisse ärgerliche Mankos meiner Toilette geschickt beseitigt, und so präsentierte ich mich vor der ersehnten Hausglocke des Herrn Cäsarius Labinette. Er öffnete nach einer Ewigkeit, das Käppchen recht verwegen überm Ohr, eine Locke strähnigen & schwer pomadisierten Haars peitschte sein Gesicht wie eine Hiebwunde, eine Hand steckte in der Tasche seines mit gelben Blumen geschmückten Hausrocks, die andere lag auf der Türklinke ... Er warf mir einen trockenen Guten Tag hin, rümpfte die Nase, während er

einen Blick auf meine Schuhe mit den schwarzen Bändern tat, und dann ging er vor mir her, die Hände in beiden Taschen, wobei er seinen Rock schürzte, ganz wie es der Abbé Z. mit seiner Soutane tat, dergestalt meinen Blicken seine niederen Partien modellierend.
Ich folgte ihm.
Er durchquerte die Küche, und ich betrat hinter ihm den Salon. O! Dieser Salon! Ich habe ihn in meinem Gedächtnis mit den Sicherheitsnadeln der Erinnerung befestigt! Die Tapete hatte braune Blumen. Auf dem Kamin stand eine enorme Pendeluhr aus schwarzem Holz, mit kleinen Säulen verziert. Zwei blaue Vasen mit Rosen drauf. An der Wand ein Gemälde der Schlacht von Inkermann. Und eine Kohlezeichnung, von einem Freund des Herrn Cäsarius gefertigt: sie zeigte eine Mühle, dessen Mühlstein ein kleines, hingespucktes Rinnsal ohrfeigte — eine Zeichnung, wie sie all die verkohlen, die gerade mit dem Zeichnen begonnen haben. Da lobe ich mir doch die Poesie!...
Mitten im Salon ein Tisch mit einer grünen Decke, an dem mein Herz nichts anderes als Thimothina erblickte, obwohl sich da noch ein Freund des Herrn Cäsarius breitmachte, pensionierter Küster der Pfarrei N., nebst seiner Gattin, Frau von Rifflandülle, und obwohl Herr Cäsarius selbst sich just nach meinem Eintritt wieder mit den Ellbogen auf nämlichen Tisch fläzte.
Ich angelte mir einen Polsterstuhl, während ich in der Vorstellung schwelgte, daß ein Teil meiner Wenigkeit im Begriff stand, sich auf eine Decke zu stützen, die ohne Zweifel das Machwerk Thimothinas war. So grüßte ich die Versammelten, und meinen schwarzen Hut vor mir auf dem Tisch wie ein Bollwerk postiert, hörte ich zu ...

Ich schwieg, aber mein Herz sprach! Die Herren setzten ihre unterbrochene Kartenpartie fort: mir fiel auf, daß sie auf Teufel Komm Raus mogelten, und das überraschte mich recht peinlich. — Als die Partie zu Ende war, setzten sich die Personen im Kreis um den kalten Kamin. Ich war an einer Ecke plaziert, fast gänzlich hinter dem enormen Freund des Herrn Cäsarius verborgen, dessen Stuhl allein mich von Thimothina trennte. Mir war es gerade recht, daß man meiner Person so wenig Beachtung schenkte. Hinter den Sitz des Küsters a. D. exiliert, konnte ich auf meinem Gesicht all den Aufruhr meines Herzens Revue passieren lassen, ohne daß irgendwer etwas bemerkte. Ich gab mich also ganz dieser Süße hin, und ich ließ die Konversation zwischen den drei Personen sich erhitzen und verwickeln; denn Thimothina sagte kaum was. Sie warf ihrem Klosterzögling schmachtende Blicke zu, und da sie nicht wagte, ihn offen zu visitieren, dirigierte sie ihre hellen Blicke auf meine blankgewichsten Schuhe!... Ich, hinter dem feisten Küster, überließ mich ganz meinem Herzen.

Ich begann dann, mich zur Seite Thimothinas hinzuneigen, die Augen zum Himmel erhoben. Bei ihr wars gerade umgekehrt. Ich begann das ganze von vorn, und, den Kopf auf meine Brust gedrückt, stieß ich einen Seufzer aus; sie muckste sich nicht. Ich fummelte an meinen Rockknöpfen, ich verrenkte mir die Lippen, ich machte die Andeutungen eines Kreuzzeichens; sie sah nichts.

Erhitzt, wild vor Liebe, neigte ich mich bedenklich kühn zu ihr hin, indem ich die Hände wie beim Kommunizieren faltete und ein »AHH!« ausstieß: langgezogen und schmerzvoll:

MISERERE!

Wie ich gestikuliere, wie ich bete, falle ich mit einem dumpfen Geräusch vom Stuhl, und der fette Küster dreht sich grinsend um, und Thimothina sagt zu ihrem Vater:

»Guck mal, Herr Leonhard rollt auf der Erde!«

Ihr Vater grinste! MISERERE!

Der Küster klaubte mich auf & brachte mich wieder in die Fasson meines Polsterstuhls; ich war rot vor Scham und schwach vor Liebe. Der Küster rückte, um mir Platz zu machen. Aber ich senkte die Augen, ich wollte schlafen! Diese Gesellschaft war mir lästig, sie hatte keinen blassen Schimmer von der Liebe, die da im Schatten litt: ich wollte schlafen! Aber ich hörte, wie die Konversation sich meiner bemächtigte!... Schwach öffnete ich wieder die Augen ... Herr Cäsarius und der Küster rauchten jeder eine mickrige Zigarre mit der größtmöglichen Affektiertheit, was ihren

Personen eine Aura entsetzlicher Lächerlichkeit verlieh. Frau Küsterin, auf der Kante ihrer Sitzgelegenheit, ihre abgezehrte Brust vorgestreckt, dahinter das ganze Geflute ihres gelben Kleids, das ihr bis hoch zum Hals stieg, und um sich herum ihre einzigartigen Rüschen auftürmend, entblätterte eine allerliebste Rose: ein gräßliches Lächeln durchbrach zur Hälfte ihre Lippen und entblößte im mageren Zahnfleisch zwei schwarz=gelbe Zähne, die aussahen wie das Steingut eines alten Kachelofens. — Du, Thimothina, warst so schön mit deiner weißen Halskrause, deinen gesenkten Augen und platten Strähnen!

»Das ist ein junger Mann mit Perspektive; seine Gegenwart antizipiert seine Zukunft«, sagte der Küster und ließ einen Schwall grauen Rauchs vom Stapel...

»Oh, Herr Leonhard wird die Robe berühmt machen!« näselte die Küsterin und ihre zwei Zähne traten hervor!...

Ich errötete wie ein braver Schulbursch; ich bemerkte, wie die Stühle von mir abrückten und daß man auf meine Rechnung tuschelte...

Thimothina fixierte nur immer meine Schuhe; die zwei dreckigen Zähne drohten... der Küster lachte ironisch: ich hielt die ganze Zeit den Kopf gesenkt!...

»Lamartine ist tot...«, sagte da Thimothina abrupt.

Süße Thimothina! Für deinen AnBeter, für deinen armen Poeten Leonhard brachtest du den Namen Lamartines ins Spiel; also hob ich wieder den Kopf, ich spürte, daß einzig der bloße Gedanke an Poesie all diesen profanen Geistern ihre ursprüngliche Unschuld zurückerstatten konnte, ich fühlte, wie meine Flügel losflatterten und ich sagte, leuchtend, den Blick auf Thimothina:

»Er hatte schöne Blüten in der Krone, der Autor der »Poetischen Meditationen«!

— »Der Schwan der Verse ist verblichen!« sagte die Küsterin.

— »Ja, aber nicht ohne seinen Schwanensang zu singen«, erwiderte ich aufgedreht.

— »ABER!« schrie da die Küsterin, »unser Herr Leonhard ist ja auch Poet! Letztes Jahr hat mir seine Mutter einige Kostproben seiner Muse verabreicht ...«

Ich setzte alles auf eine Karte:

»Oh! Gnä' Frau, ich habe zwar weder meine Leier noch meine Zither dabei, doch...«
— Oh! Ihre Zither! Sie werden sie ein andermal mitbringen...«
— »Doch nichtsdestoweniger, wenn es den Verehrten nichts ausmacht« — und ich zog ein Stück Papier aus meiner Tasche — »werde ich Ihnen einige Verse vortragen... Ich widme Sie Fräulein Thimothina.« —
— »Ja! Ja! Junger Mann! Exzellent! Rezitieren Sie, stellen Sie sich da in die Zimmerecke...«
— Ich ging dahin ... Thimothina beobachtete meine Schuhe... Die Küsterin machte auf Madonna; die beiden Herren lehnten sich zueinander... Ich errötete, ich hustete, und ich begann sanft singend zu sprechen:

In seiner Kotton=Abgeschiedenheit
Schläft süßen Odems Zephir.
In seinem Nest aus Woll' und Seid'
Schläft kecken Kinns Zephir!

Die ganze Hörerschaft platzte vor Lachen: die Herren kippten sich entgegen & rissen niedrige Witze; aber was extrem aberscheußlich war, das war die Miene der Küsterin, die, Aug gen' Himmel, die Mystikerin spielte und mit ihren gräßlichen Zähnen lächelte! Thimothina.. Thimothina lachte sich zu Tode! Das versetzte mir den Todesstoß, Thimothina hielt sich den Bauch vor Lachen!...
»Ein süßer Zephir in Kotton! Das ist zart, das ist zart!...« schniefte Vater Cäsarius...
Da stimmte doch was nicht!? —
Aber das Gelächter währte nur eine Sekunde: alle mühten sich damit ab, ihre ernsten Mienen wieder aufzusetzen, die allerdings noch paarmal verrutschten...
»Fahren Sie fort, junger Mann, das ist gut, das ist göttlich!«

Wenn Zephir seine Schwinge spreizt,
In Seiner Kotton=Einsamkeit,
Wenn er eilt, wohin die Blum' ihn ruft,
Dann riecht sein süßer Odem gut!

Diesmal zerriß ein ohrenbetäubendes Gelächter das Audi-

torium; Thimothina starrte auf meine Schuhe: mir war heiß, meine Füße brannten unter ihren Blicken; sie schwammen in Schweiß; denn wie ich mir sagte: diese Socken, die ich seit einem Monat trage, sind ein Geschenk ihrer Liebe, und diese Blicke, die sie meinen Füßen zuwirft, sind ein Beweis ihrer Liebe: sie himmelt mich an!
Und da plötzlich, ich weiß nicht, was für ein zarter Geruch meinen Schuhen zu entströmen schien: OH! Ich kapierte das scheußliche Lachen der Versammlung. Ich kapierte, daß, in dieser widerlichen Gesellschaft gefangen, Thimothina Labinette niemals würde ihre Leidenschaft frei fließen lassen können! Ich kapierte, daß auch ich diese unglückliche Liebe, die eines Nachmittags im Mai aufgeplatzt war, — in der Küche der Labinettes, angesichts des rückwärtigen Gewindes der Jungfrau mit der Schale — daß ich diese Liebe hinunterschlucken mußte!
— Vier Uhr, die Stunde der Rückkehr — schlug die Pendeluhr des Salons; bestürzt, vor Liebe brennend und verrückt vor Schmerz, packte ich meinen Hut und verduftete, einen Stuhl über den Haufen rennend. Als ich den Korridor durchquerte, murmelte ich: Ich himmle dich an, Thimothina! —
und ich floh ins Kloster ohne mich auch nur einmal umzuschauen... Die Schöße meines Rocks flatterten hinter mir im Wind, wie die Vögel der Apokalypse!...

....

30. Juni.

In Zukunft überlasse ich der göttlichen Muse die Sorge, meinen Schmerz zu schaukeln: Märtyrer der Liebe mit 18 Jahren! Und ich dachte in meinem Elend an einen anderen Märtyrer des Geschlechts, das unsre Freuden & seligen Stunden ausmacht: die ich liebte, habe ich verloren; also werde ich den Glauben lieben! Mögen mich Kristus und Maria getrost an ihre Brüste pressen: ich mache mit: ich bin nicht wert, die Schnürsenkel des Heilands aufzuknoten... Aber meine Pein! Aber meine Marter! Auch ich, mit 18 Jahren und 7 Monaten, trage ein Kreuz, einen Dornenkranz! Aber in der Hand halte ich statt eines Schilfrohrs

1 2 3 4 5 6 7 8 9 10
A B C D E F G H I J K L M N O P Q R S T U V W X Y Z

eine Zither! Sie sei mir Balsam für meine Wunde!........
....

1 Jahr später, 1. August.

Heute hat man mir das geweihte Kleid übergezogen: ich werde Gottes Diener sein; ich werde eine Pfarrei haben und eine bescheidene Magd in einem gutgehenden Dorf. Ich habe den Glauben; ich werde mein Heil schon machen, und ohne daß es allzu aufwendig wird, werde ich wie ein guter Diener des Herrn mit seiner Magd leben. Meine Mutter (die Heilige Kirche!) wird mich schon wieder an ihrer Brust aufwärmen: sie sei gepriesen! Der Herr sei gelobt!
... Was diese grausam=süße Leidenschaft anlangt: ich habe sie auf den Grund meines Herzens eingefroren: ich werde sie standfest tragen: ohne sie eigentlich aufzutauen, werde ich mich von Fall zu Fall ihrer entsinnen — diese Dinge sind recht zart! — Außerdem bin ich ja für die Liebe und den Glauben geschaffen worden! —
Vielleicht werde ich eines Tages, wenn es mich wieder in diese Stadt verschlagen sollte, das Glück haben, meiner teuren Thimothina die Beichte abzunehmen? ...
Zudem konserviere ich von ihr ein süßes Souvenir: seit einem Jahr habe ich diese Socken, die sie mir verehrte, nicht mehr von den Füßen getan ...
Diese Socken, DreiHeiliger! Ich werde sie an meinen Füßen haben bis zum Jüngsten Tag!...

STUPRA — Schändungen

Die antiken Bestien besprangen sogar im Rennen
mit Eicheln, strotzend vor Blut & Exkrementen.
Unsere Väter steckten stolzgeschwellt ihr Organ
durch Mutzenschlitz & Sackzwickel.

Im MittelAlter gebührte dem Weibchen, Sau oder Engel,
ein Hüpferling von erklecklichem Ausmaß.
Selbst ein Kleber, wenn man den Pluderhosen traut,
schien einiges im Hinterhalt zu haben.

Nebenbei: der Mensch ist dem stolzesten Säuger eben/bürtig:
dessen Riesen=Gehänge erstaunt uns zu Unrecht.
Dann aber schlug eine sterile Stunde: das Pferd

& der Ochse haben ihre Hitze gezügelt
& keiner hat mehr den Mumm, seine genitale Pracht
in den Busch zu pflanzen, wo eine Kindheit hohnepiept.

Unsere Arschbacken sind nicht die ihren. Oft
beäugte ich ein aufgeknöpftes Völkchen hinter der Hecke,
& bei diesem ungenierten Baden, wo Kindheit sich
verlustiert, studierte ich die Architektur unsres Arsches.

Strammer, bleich meistenfalls, mit offen sichtlicher
VerfLACHung ausgestattet, die ein Netzwerk
aus Haaren drapiert — für die DAME blüht
nur in den reizenden Rillen der lange buschige Samt.

Eine rührende & wundervolle Erfindungsgabe,
wie man sie bloß noch bei den Engeln heiliger Tableaus sieht,
bildet die Backe nach, wo das Lächeln sich kräuselt.

O! Ebenso nackt sein, Freude & Stille suchend,
die Stirn nach ihrem ruhmreichen Teil gedreht,
& beide frei murmeln sie Seufzer?

Obskur & gerunzelt wie eine viol/ette N/elke,
respiriert er noch, bescheiden geduckt ins MOOS,
noch naß von der Liebe, die folgt der süßen Rampe
weißer Backen bis zur Küste Saum.

Fäden, Milchtränen ähnlich, haben in einem
grausamen Südwind geweint, der sie verschlägt
über blutrote Gerinnsel aus Mergel.
——— Sie gehen verschütt, wo der Ab/Hang sie rief.

Mein Traum mündete oft in seinem Saugnapf.
Meine Seele, eifersüchtig auf den materiellen Koitus, baute
sich dort ihren fahlroten Tränensack & ihr Seufzernest.

Das ist die besinnungslose Olive & einschmeichelnde Flöte,
die Rohrpost, in der die göttliche Praline herabkommt,
feminines Kanaan, umfriedet von Nässen.

Album Zutique

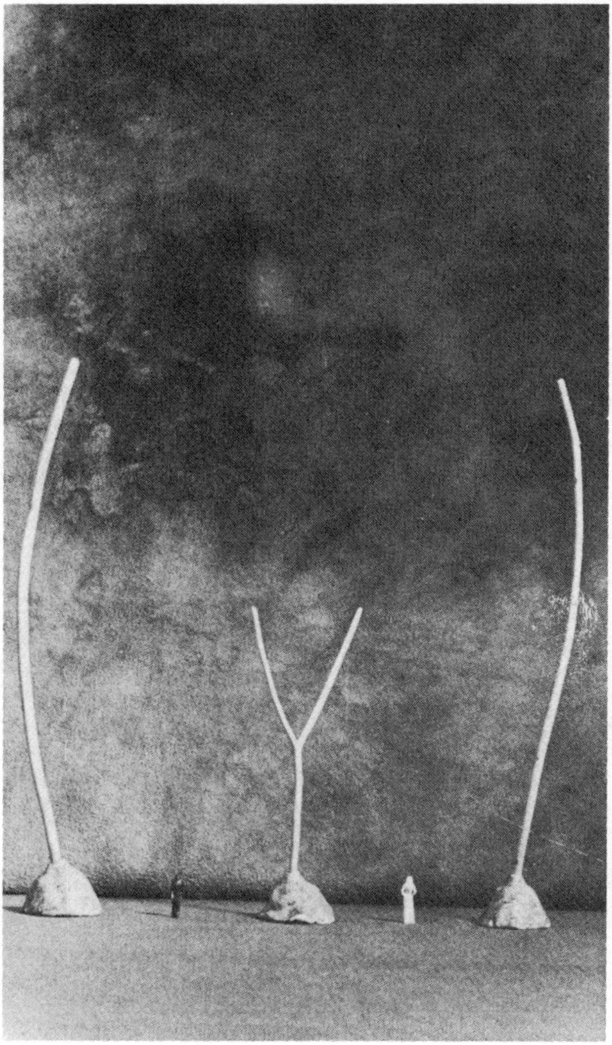

LYlien

O, Affenschaukeln! O LYlien! Silber=KlYs=Tiere mit
Selbstbediener!
Ihr verachtet das Arbeiten, Ihr verachtet das Hungern!
Aurora füllt Euch mit keimfreier Liebe!
Ein süßer Himmel BUTTert eure
Lamellen!

ARMAND SILVESTER
A.R.

Verklauselte Lippen

in rom gesehen

da gibts in rom
        in der sixtina

            mit kristlichen emblemen beklebt
        einen schar=lach= schREIN
            wo erzantike nasen scHIMMELn:

    asketische thebaner=nasen
    kanonische grals=nasen

drin fahle nacht gerann & gregorianischer
    sepulkralgesang mit hoher lagerzeit.

in diesen mystischen scHIMMEL
füllt man allmorgens

schismatischen müll
            in feinen pulver=dosen...

LEO DIERX
A.R.

Galantes Fest

Träumer Jockel
juckt seinen Gockel
unter der Jacke

Klementine
  Klemm mir die Biene! —

do re mi packe
das Auge vom Gockel
das — oh Gejuckel —
in trunkenem Wackeln

Paul Verlaine
A.R.

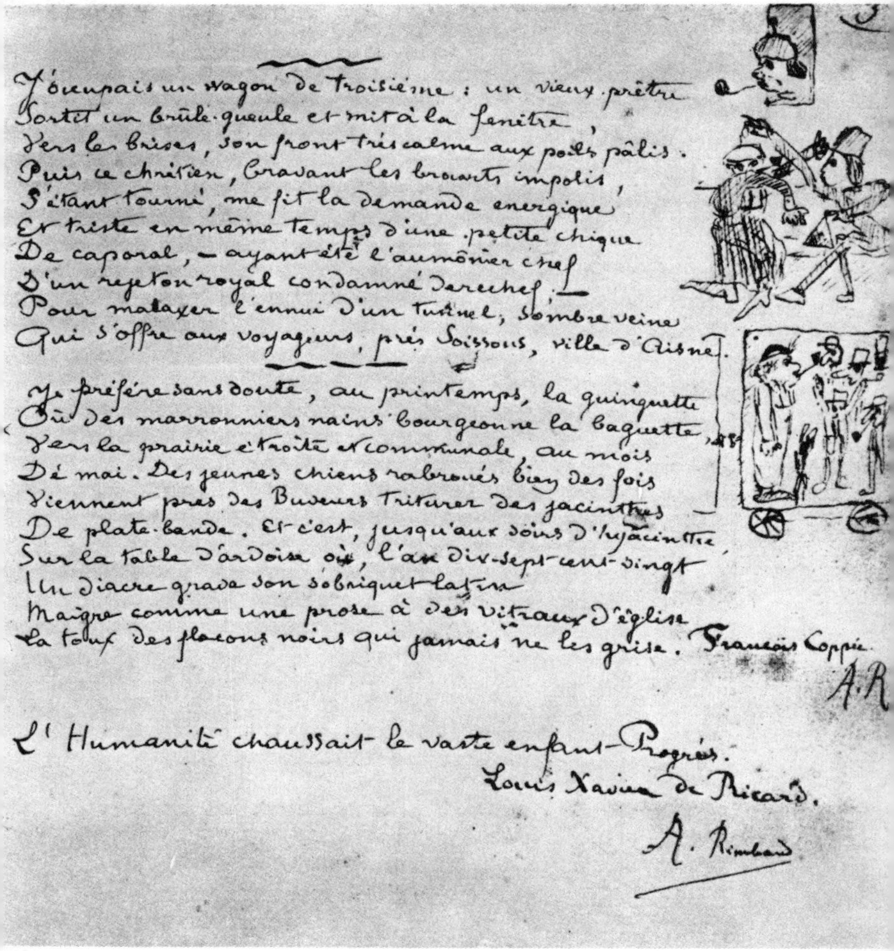

J'occupais un wagon de troisième : un vieux prêtre
Sortit un brûle-gueule et mit à la fenêtre,
Vers les brises, son front très calme aux poils pâlis.
Puis ce chrétien, bravant les brocarts impolis,
S'étant tourné, me fit la demande énergique
Et triste en même temps d'une petite chique
De caporal, — ayant été l'aumônier chef
D'un rejeton royal condamné derechef ; —
Pour malaxer l'ennui d'un tunnel, sombre veine
Qui s'offre aux voyageurs, près Soissons, ville d'Aisne.

Je préfère sans doute, au printemps, la guinguette
Où des marronniers nains bourgeonne la baguette,
Vers la prairie étroite et communale, au mois
De mai. Des jeunes chiens rabroués bien des fois
Viennent près des Buveurs triturer des jacinthes
De plate-bande. Et c'est, jusqu'aux soirs d'hyacinthe,
Sur la table d'ardoise où, l'an dix-sept cent vingt
Un diacre grava son sobriquet latin
Maigre comme une prose à des vitraux d'église
La toux des flacons noirs qui jamais ne les grise. François Coppée

A.R.

L'Humanité chaussait le vaste enfant Progrès.

Louis Xavier de Ricard.

A. Rimbaud

Die Humanitäht be:schustert das
Riesen:Fort:Schritts: Bähbie.

LUDEWIG XAVER VON KRÖSUS
A. Rimbaud

Ich platzte
mich in ein Abteil III. Klasse:
ein greise Priester zückte
einen Rotz=Kocher und tat
seine so friedvoll graubefluste Stirn
ans Fenster, in die Brise.
Dreist Anzügliches
abgeschüttelt — da wandte
sich dieser Christenmensch
um
und hielt mich
— energisch und traurig zugleich —
um ein Quentchen Tabak an
—— War geistlicher Vater gewesen eines
Königs=Sprosses, sintemal in Verruf geraten ——
um zu entkrampfen die
Tunnel=Öde, düstere Röhre
die dem Reisenden bei Soisson
Stadt an der Aisne
sich eröffnet

Ohne Frage: Im F=RRühling frequentiere ich
die Pinte unter döflichen Kastanien,
denen die TÜLLE sprießt,
dort bei der kargen kommunalen Wiese
im Monat MAÏ.
Junge Köter, vielfach vollgeschnauzt,
rücken den Zechern auf die Pelle,
fleddern Hyazinthen=Beete.
Und JUSTAMENT an einem hyazinthen=blauen Abend
im Jahre siebzehnhundertzwanzig
ritzte in den Tisch aus Schiefer
ein DIAKON
seinen Uz=Reim in Latein
kahl wie die Prosa auf Kirchenfenstern denen
wirds nie schwummrig vom Keuchen
schwarzer Karaffen

FRANÇOIS COPPE
A.R.

Stuss

I. *Junger Schlemmer*

Batschkappe
steifleinern
Standlatte
elfenbeinern

Kloklappe
schwarzbleiern
Paul gafft
den Kleiderkasten

Schnappt
die Dattel
mit der Schniß

Knabbert
den Krapfen
und Schiß

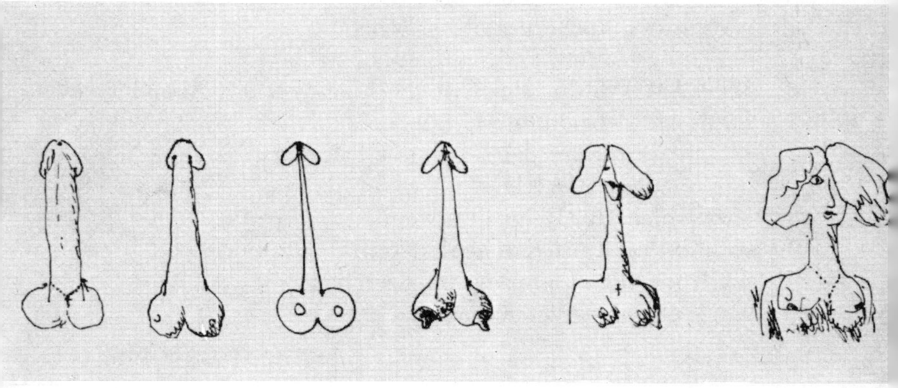

II. MADE IN GERMANY

Salamander, Rot(h)=Händle,
Pücho=ANALüse, Tele=Funken
— O Wasser=Hähne! — SaROTTi
— O Kristinen! — SpRINGER

Drenk=Man, Jakobs, Grzimek!
Bender, Bader & Mein=Hoff, Bier=Mann!
Loriot, Löns, Heißen=Büttel,
Gundel Gackeldei! — Paniermehl

E=Man=Zen! Stamo=KAPPen!
Öl & Stiefel=Wichse!
Pampiges B=Rot, Spiritusse

Blinde! — SHIT, wat'n noch? —
Bäh=Rufs=Verbot, Em=Eukal
Für die Massen! — Seid Protes=Tanten!

III. *Besoffner Fuhrmann*

Nuttenkerl
trinkt:
Perlmutter
blinkt:

Fiasko
winkt,
Fiaker
sinkt!

Dame
fällt:
Fell

blutet
— Gedrame!
tutet.

A.R.

Knacker der alten Schachtel

Den Bauern des NapOLEon!
Dem NapOLEon der Bauern!
Den Söhnen des März,
Dem hochgejubelten 18. MÄRZ!

Da der Himmel EuGENiens
Eingeweide
einweihte!

Thron=Besatzung?

Der poplige Postkutscher unter blechernem Thron=Himmel
hätschelt in seinem Handschuh
eine enorme Frostbeule
schoffiert von seinem schweren Bus auf linkem Ufer
—————— da flutscht aus seiner flammenden Lende
das Geld=Säckel ————————

Und während im dezenten Schatten, wo Schutz=Männer
stehn,
der innere An=Stand tief in den Himmel kuckt,
wo der Mond in grüner Watte schunkelt,
trotz Erlaß und noch immer prekärer Stunde
und der Omnibus wieder am ODEON anlegt
beklÄFFT
ein bekleckerter Wüstling die dustere Kreuzung!

François Coppée
A.R.

Der Besen

Das da: ein gemeiner Besen, Hundszahn, zu grob
für die Stube oder pinglige Wand.
Sein herzzerreißendes Agieren rentiert nicht
den Spott.
Wurzel gewesen auf uralter Heide:
Sein träges Haar verdörrt und
sein Stiel wird käsig.
Wie Treibholz am Roten Hunds=Stern.
Sein Aufhänger gleicht einer Tiefkühl=Strähne.
Ich schätze
an diesem Objekt
den Flair des Trostlosen
Und möchte darin deine breiten Milch=Borde tunken
O Mond, wo der Geist unsrer toten Schwestern
tollt.

F.C.

Exil

Daß man doch, mein Honig=Dussel, mehr Feuer fing
als für den Onkel Sieger für den kleinen Hoch=Rappeling!
Aus dem debilen Volk fahre jeder Anstandsfunken!
Ach, der hat eurer Galle bös gestunken!
Uns ziemts, dem Wind den Riegel vorzuschieben,
den die Kinder Bari=Baru zu nennen belieben!..........

(Fragment eines Sendbriefs in Versen
von Napoleon III., 1871)

Das geächtete Engelchen

dächer bläulicht & tore weiß: wie in
amerikanischen nächten am rand
der ausgelärmten stadt
ist die gasse weiß:
und das heißt

NACHT

merkwürdige häuser in der gasse mit
engels=jalousien.. aber auf
einen prellstein kommt
gerannt.. bös ver
korkst & bibbernd
ein schwarzes

ENGELCHEN:

das schwankt: hat zuviel brustbeersaft
getankt.. es macht kacka... ver
schwindet dann...

ABER

sein geächtetes kacka
erscheint unterm heiligen mond
der vakant — als lockre kloake dreckigen

BLUTS...

LUDWIG HARKENRATZ
A. Rimbaud

An Sommerabenden unterm
zwingenden Blick der Schau=Fenster
wenn unter den
dubiosen GRILLS der Saft gurgelt
& unter
schlacksigen Kastanien glimmert —

Abseits der schwarzen PULKS

Streuner oder Hänger
Pfeifenpichler oder Glimmstengelsuckler
in dem engbrüstigen Halb=Stein=Kiosk
wohin es mich verschlagen hat

— während hoch droben eine
Reklametafel von TOBLER errötet —

denke ich daß
der Winter all diese
Fäden puren lärmenden Wassers
wird gerinnen lassen daß endlich
die menschliche Woge
STILLE
sei —
und daß der rauhe
Nordwind
keine Ader
verschont...

FRANÇOIS COPPÉE
A. RIMBAUD

Den Schlafzimmer=Schmökern
Humoristischen Schinken

Eichen=dorff & Klopstock
Der grüne Heinrich & Die Glocke

ganz taub von gräulich=abgeschmackten
Letzten Schreien
Hoffe ich
da SkleROSE ihnen endlich blühen muß
das TrAKTat des Doktor Winetti
noch zuscHUSTern zu können

Ich wüßte recht gut
vom gängigen Stumpf=Sinn genesen
wie man den antiken Reiz
der unentbehrlichen Skizzen goutiert:

Schreiber & GraFiker
haben die sexuellen Not=Lagen vergoldet:
und ist das nicht verflucht
anständig von ihnen?

Mein Tip: DokTOR Winetti:
»DisKURS über die Gatten=Liebe.«

F. Coppée
A.R.

Saturnische Hypoty=Posen, ex Belmontet

WO ruht das donkel=ondorchdringliche MüßteriUM?
Warom,
Ohne je ihr weißes Segel zu BLÄHEN, geht jede junge
Jolle, königlich betucht,
zu Grond?

Lupfen wir diese flemmatorischen Heulbojen. ——

Die Liebe tut sich gütlich auf Kosten
der Schwester.
Die Freundschaft tuts auf Kosten des
Bruders.

Das Szepter, unter Krämpfen hochgehalten,
ist nichts weiter als das blutbekleckerte Kreuz
auf dem Vulkan der Völker!

O! Die ÄÄhre triefte über seinen mas=kulinen
Schnauzer.

BELMONTET
Archetyp Parnaß

RückbeGlitscherungen eines alten Idioten

Pardon, mein Alter!
Als Bursch auf ländlichem Rummel
gEILTE ich nicht, den bequemen Treffer
zu landen,
mich triebs zu den kreischenden Plätzen,
wo die Esel, mit Hänge=Pansen,
dieses rot=geäderte Rohr entrollten,
wovon ich GAR keine Ahnung hab!...

Und dann meine Mutter,
Der stieg so eine bittere Süße aus dem Hemd,
wiewohl nach unten zu zerknittert
und gelb wie eine Quitte,
meine Mutter stieg ins Bett mit Karacho
— Arbeiter Abkunft immerhin —
meine Mutter mit ihren fraulich reifen Schenkeln,
ihrer massigen Nieren=Partie
— wo der Unter=Rock plissiert
WAS kam da eine Hitze rüber,
schweigen wir lieber!...

Die PURste Scham, und weitaus dezenter
wenn meine
kleine SCHWESTER/ zurück von der Schule/
nach fleißigem Schlittschuh=Wetzen
pißte und kiekte wie aus
ihrem rosigen und strammen Gelipp
da unten
ein koketter Urin=Strahl wutschte!...

O Pardon!
Manchmal kam mir mein Vater
in den Sinn:
Abends/Kartenspiel und recht
glitschige Reden/
Der Nachbar/ich werde hinausgetrumpft/
Was man so aufschnappt/....
— So ein Vater ist ganz schön betörend! —
Was man so spitzkriegt!,,,
Sein Schmeichel=Knie/ sein Hosenbein/
wie gern hätte ich in diesen Schlitz
gefingert!
— Gott behüte! —
und den dicken harten, schwarzen Stumpen
des Vaters gehalten,
der schuggelte mich mit haariger Hand...

Schnauze jetzt
mit Pubs/Bettpfanne/Rendez=Vous auf
der Tenne/mit rotgedeckelten Broschürchen/
Schmankerl unterm Tuch/

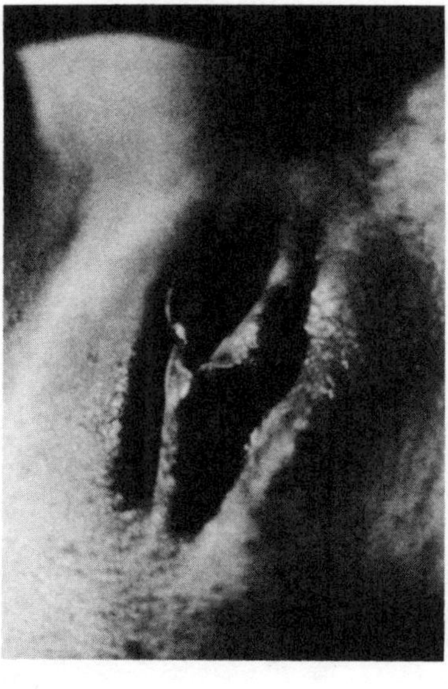

und der Bibel/und den Örtchen/
und der Amme/der Mutter Gottes/
und dem KruziFIX...
Wohl keiner,
der so oft verdattert war, bestürzt.
Man soll mir jetzt Pardon geben:
Da die versauten Sinne mich schon mit
ihren Opfern bepflastern,
gestehe ich ungeniert diese frühen Missetaten!...
....

Und dann — möcht ich beim Herr=Gott vorsprechen!

WARUM diese verschleppte Pubertät
und die Bescherung um
klibbrig überstrapazierte Eichel?
Warum beschattet sich der Unter=Bauch
so stockend?
Und diese zahllosen Schocks, die einem den
Spaß verhageln mit ihrem schwarzen Schotter?
— Ich stand immer ganz schön auf dem Schlauch.
Wissen, was denn?

Pardon gegeben?...
Dann tu die Füße wieder
in die blaue Scheeße,
Mein Vater.
Oh, diese Kindheit!.........................
....
...................und lassen wir den Schwanz sausen!

François Coppée.
A.R.

Wieder aufgestossen

dieses jahr
das den kaiserlichen
prinzen ausspuckte, hinterläßt
in meinem herzen den etwas weitläufigen
einDRUCK eines
durch=sichtigen paris
wo N...s aus gold & schnee
an schloßgittern & an tribünen, die
mit tricolor=lametta behängt sind,

aufblitzen....

im kielwasser eines rummels großer
verkrumpelter hüte, heißer
blütenwesten, alter
überzieher & ebenso alter arbeiter
lieder, die aus den
kaschemmen dröhnen —

über die blütenteppiche
mARSCHiert der kaiser, schwarz
& 100% ER SELBST, mit seiner spanischen
Heiligen in den ABend...

FRANÇOIS COPPÉE

* * * *

das kind das
die kugeln sammelte, der
mann bare, in dem das blut der ver=
bannung & eines illustren vaters
zirkuliert,
hört —
mit zunahme seiner figur &
statur — hoffnungsvoll sein leben
sprießen:
es will ANDRE vor/hänge schauen
als die des throns & krippen=
spiels ...

mit
nichten trachtet
seine vorzügliche büste
nach den breschen der zukunft!
— sein altes spielzeug hat er
weggeschmissen... —
O sein süßer traum!
O sein schönes ENGHIEN!
Sein blick wird unergründlich vertieft
von einer ganz speziellen
immensen solitüde.

»Armer Bursch, ganz schöne Identifikationen!«

FRANÇOIS COPPÉE

Fitzchen

Oh! ist aus Bronze die Glockenspeise
uns ganz und gar das Herz zerreiße!
Im Juni eins acht sieben eins,
vom schwarzen Unhold abgemurkst —
Wir Jean Baudry, wir Jean Balouche —
All unsre Wünsche sind vollbracht,
gefreckt im scheelem Glockenturm,
Desdouets geflucht als miesen Wurm!

GeDICHT fürn Arsch

Diesem Sitz, so ungehobelt,
daß einem die Därme verknoddeln,
gehört das Loch gebimst
mit ein paar echten Kanaillen.

Der berühmte Troppmann, Killer von Henri Kink,
er hätt nach seiner Tat auf diesen Stuhl gehört
denn der Hundsfott Napoleon und der Hundsfott Henri V
haben wahrlich verdient diese Thron=Besatzung.

Happen

Zu den Füßen düsterer Mauern dürre Köter vermöbeln...

****

Hinten hüpft in grotesken Hicksern
eine verschluckte Rose im Pförtnerbauch.

****

Die Brünette: 16 Jahre jung, als man sie ehelichte.

....

Denn sie liebt ihren Sohn, 17 Jahre jung,
über alle Maßen.

****

(Das Lamento des greisen Monarchisten, Herrn Henri Perrin, republikanischer Journalist, serviert)

....

.... Eine dreckige Lüge ists, bei meinem Schlegel! Eine dreckige Lüge ists, Sie falber APOstel! Ihr wollt uns die Haut abziehen, Ihr wollt also unsre kahlen Häupter skalpieren! Aber was zum Kuckuck, ich habe zwei verdrehte und gravierte Schlegel!

Weil Ihr allentags an der Universitäten in eure Halskrausen seicht, daß man drauß Krapfen backen könnt, weil ihr eine Äthermaske seid, ein haarloser Gaul in der Manege, der in eine Plastiktüte rotzt, glaubt ihr, meine vierzigjährige STUHL=Erfahrung wegwischen zu können!!

Ich habe meinen Schlegel! Ich habe meinen Schlegel! Ich habe meinen Schlegel! Und so drehe und wende ich mich seit vierzig Jahren in meinem heißgeliebten, harten Nußbaumstuhl: Eindrücke von Wald lagern hier für alle Ewigkeiten.

Und wenn ich, ICH, dein schmuddeliges Organ ausmache, dein von all deinen APOnennten, du Hanswurst, von all

deinen APOnennten mit Händen gewalktes Organ,———
dann werde ich, für alle zukünftigen Zeiten, diesen seit vierzig Jahren so hart strapazierten Schlegel wieder in SCHUSS bringen lassen!

****

(Gries=Krämer=Paranoia)

Soll er mal ruhig
das Geschäft betreten,
wenn der Mond die blauen Scheiben bespiegelt,

Soll er mal ruhig
vor unseren Augen
den Chicorée aus der Kiste krallen...

****

.... Sind das
.... (Fässer?) .... die man zerschlägt?
.... Nein!
Es ist ein Superkoch, der schnarcht wie ein FaGOTT.

****

.... Zwischen all dem Gold, dem Quarz, dem Porzellan,
.... ein banaler Nachtpott,
anstößiger Reliquienschrein greiser Burgfräuleins,
beugt beschämt seine Flanken auf royalem Mahagoni......

****

Oh! Diese an=dauernden Vignetten!

****

Und der besoffene Poet schnauzt das Universum an.

****

Es regnet sanft auf die Stadt.

****

Sei auf der Hut hier, mein abwesendes Leben!

****

(...) Als die Karawane vom Iran an die Quelle von Ctesiphon kam, fand sie diese versiegt. Verzweiflung kam auf. Die einen klagten die Weisen an, die anderen die Imane. Die Kameltreiber überboten sich in Verwünschungen (...) Sie waren seit vielen Monden unterwegs mit Gold, Weihrauch und Myrrhe. Ihr Anführer stieß einen Schrei aus (...) befahl (...) zu beseitigen. Einige stimmten zu.

****

Verlorenes Gift

Nächte blond & braun
Nichts im Raum konnte sich halten
Nicht eine einzige sommerliche Spitze
Nicht ein einziger gemeinsamer Schlips

Leer der Balkon wo der Tee
Zog zur Mondaufgangs=Stunde
Alles spurlos verschwunden
Kein Andenken blieb

In den Saum eines blauen Vorhangs pikiert
blinkt eine Nadel

goldköpfig wie
ein fettes schlafendes Insekt

Nadelspitze
vollgepumpt mit dem
feinen Gift
Ich will dich nehmen
Sei mir bereit
für die Stunden
meines Todeswunsches...

BRIEF DES BARON ZIEGENFURZ

an seinen Sekretär
auf Schloß Saint-Magloire

Versailles, 9. September 1871

Frankreich ist gerettet, mein werter Anatol, und Ihr könnt mit Fug und Recht sagen, daß ich da gehörig mitgemischt habe. Meine Rede — ich sollte sagen, **unsre** Rede — war nicht mehr in der berühmten Debatte unterzubringen, aber ihr mitreißendes Finale schmetterte ich noch ins Foyer, mitten unter unsere Freunde. Sie schwankten... Sie gaben ihre Stimme. **Veni, vidi, vici!**
Mit einem Schlag begriff ich, welchen Einfluß ich eines Tages auf gewisse parlamentarische Kreise ausüben könnte.
Übrigens witterte ich das schon während meines letzten Urlaubs, als meine blonde und aufgeweckte Sidonie, die unseren Redeübungen beiwohnte, ausrief: »Papa! Mir wird, ich weiß nicht wie, wenn du den Ernsten raushängen läßt!« Mir wird, ich weiß nicht wie! Was ein herrliches Geständnis! Ich öffnete dieses junge Herz den Aufregungen der Zungenfertigkeit, und diese Aufregung ist der Vorbote der Überzeugung. (Repetiert diese Sentenz dem Pastor, beim Schafskopf-Spielen.)
Also: Frankreich ist gerettet, der Adel ist gerettet, die Religion ist gerettet, **wie haben die Verfassung!**

Wann wir uns konstituieren? Wann es uns behagt, meine Herren. — Und Herr Thiers? werdet Ihr mir sagen. — Herr Thiers! Püh! Was wäre der ohne uns? Hat er unserer Proposition nicht beigepflichtet, als er den Republikanern die Kuppen seiner Finger zum Kuß reichte und die Hand auf unsern Hals legte, um unserm Ohr zu soufflieren: »Geduld! Ihr werdet Könige sein!« — Und die Linke? —

Die Linke? Was ist denn das, die Linke? Schau, Anatol, wenn die sich nicht ins Gesetzgeben reingesteigert hätte, was scherte die sich um die Gesetze, man macht sich völlig falsche Vorstellungen von den Leuten. Unter dem Strich sind sie viel opportunistischer als man denkt. Die Alten konvertieren und pochen sich vor der Tribüne und dem

Tribunal vor die Brust; sie haben die Manie öffentlicher Bekenntnisse, die den Beschuldigten weiter hineinreißen und die ganze Partei in Verruf bringen können. Die Jungen sind scharf auf Karriere und halten sich für jeden Umschwung offen. Es gibt wohl einige Klugscheißer, die in Tribünennähe lächerliche Sturmböen auslösen, aber wir sind es, die den Donner ins Rollen bringen, und die Klugscheißer, die bis aufs Messer kämpfen, wird der Kehlkopfkrebs dahinraffen.

Im Augenblick brauchen wir eine Verschnaufpause; wir haben sie redlich verdient, diese Ruhe, die man uns so kleinkrämerisch zuzuknappsen versucht. Wir haben eine Armee wieder auf die Beine gestellt, Paris bombardiert, den Aufstand niedergewalzt, die Aufständischen füsiliert, ihre Anführer abgeurteilt, die öffentliche Ordnung wiederhergestellt, die Republik übers Ohr gehauen, einen königstreuen Minister aufgebaut und einige Gesetze verabschiedet, die man früher oder später eh abserviert. — Wir sind nicht nach Versailles gekommen, um Gesetze zu machen! Man ist Mensch, Anatole, bevor man Gesetzgeber ist.
Hat man nicht sein Heu gemacht, so will man wenigstens seinen Schnitt machen.

Ihr gehabt Euch wohl, Ihr! Diese Damen reklamieren Euch, ohne Pauken und Trompeten habt Ihr Euch davongemacht und mir zwei Reden dagelassen zum Auswendiglernen, mit Raum für Zwischenrufe. Ihr habt die Jagd angeblasen, Ihr habt gefischt.
Ihr habt mir Wachteln und Forellen geschickt; wir haben sie verspeist, so weit, so gut. Was noch!...
AH! Was habe ich die Reden und Zwischenrufe gesteckt, um mir einen Urlaub zu ergattern.
»Sie sind der Hundertsiebenunddreißigste, den ich diese Woche eintrage!« sagte der Präsident.
Ich war verdrossen. Dieser Herr Target hat mir empfohlen zu warten. Ah! Dieser bezaubernde Mensch, und wie er sich in die Neigungen der Kammer hineinzufühlen weiß!
... Anatol, ich schicke Euch sein Konterfei, für Sidonies Album. Plaziert es ordentlich, zwischen dem Obersten

der Templer und Herrn de Bel-Castel, die mich mit ihrem Vertrauen beehren.
Wir brechen gegen Ende des Monats auf; es gibt ja noch schöne Tage im Oktober: Ihr wißt, diese schönen Sonnen, die den Nebel durchstoßen und zerstreuen, ... zerstreuen.... Ihr wißt schon was ich meine! Ich bin kein Dichter, ich bin Redner! Bis zu dieser Stunde hat man eine ruhige Kugel geschoben in der Kammer, dank der Kriegsgerichte und der Eingabe von Ravinel. Oh! Die Kriegsgerichte!... Schauns, da sind wir bei den Engeln, mein Wertester. Die Meinung der ehrbaren Bürger ging diesen braven Militärrichtern, die sich für kurz in den Schneckengängen der Milde und des Mitleids verrannt hatten, zutiefst ans Herz. Nun sind sie auf dem guten Weg, dem rechten Weg, dem gerechten diesmal, dem streng gerächten, vor allem.
Habt Ihr mitbekommen wie sie diesen Pipe-en-Bois abkassiert haben?... Wir haben unsre Rache, Bürger der Commune!
Und dann, Anatol, ich verhehle es Euch nicht, ein Exempel müßte statuiert werden. Es ist noch gar nicht gesagt, daß man wird ungestraft für Gambetta sein dürfen!
Gambetta!.., Schauns, wenn ich denke, daß Sidonie ihn drei Wochen lang angegottet hat, raubts mir des nachts den Schlaf... Sagt ihr, daß ich ihr verziehe. Bei meiner Heimkehr werde ich ihr vormachen, wie ich die Faust fletschte unter der Tribüne, im Getümmel der Freunde. um den Diktator zu verhöhnen.
HA! Er hat nicht gewagt, in der Debatte Ravinel seine Stimme zu erheben. Unter uns, Anatol, ich glaube, ich jage ihm Angst ein. Neulich im Park fragte er, ohne mich mit dem Finger zu fixieren, natürlich: »Wer ist denn dieser Brasilianer da?«
Sidonie meint, ich öle meinen Teint zu intensiv; aber wenn mir das doch eine wüste Note verleiht!...
Nichtsdestoweniger, der Linken die Faust zu zeigen hat nichts gefruchtet, wir konnten diese Ravinel-Chose nicht durchbringen. Wir sistieren in Versailles, auf unbestimmte Zeit, aber die Ministerien werden hier nicht installiert.
Und was weiter?.. Was juckt mich das? Ich, meinerseits, liebe das Provisorische. Versailles ist ein Vorort von Paris

und dennoch ist es nicht Paris. Alles ist am Ort. In Paris sein und nicht sein.
Hätte man uns Nantes oder Lyon oder Bordeaux vorgeschlagen, hätten wir glatt und sauber abgelehnt. Das sind in erster Linie revolutionäre Städte; die Nationalgarde ist dort noch nicht zerschlagen und die Kommunalverwaltungen sind dort bis in die Haarspitzen republikanisch. Ah! Mein armer Freund, nirgendwo ist man auf Nummer Sicher in der Provinz. Höchstens vielleicht auf Saint-Magloire!... Wär das nicht eine Idee?... Ihr präsentiert mir bei der Rückkehr einen Vorschlag zur Gesetzesnovellierung.
Aber prinzipiell, mit Verlaub, sagt mir nicht, ich solle 50 oder 200 Meilen vor Paris hocken. In Bordeaux ließ es sich gut sein nach dem Krieg. Man war nah an Libource und Arcachon.
Wir hatten frische Luft nötig nach all diesen Emotionen, und Paris konnte uns diese frische Luft nicht bieten.
Einige Tausend Schafsköpfe ließen sich idiotischerweise und General Trochu zum Trotz in der Bannmeile abschlachten; in der Stadt gab es in 8 Tagen 5700 Tote, alles arme Opfer ihrer eignen blöden Verbohrtheit... Jetzt sieht die Sache anders aus und hoppla! schon bin ich halber Pariser. Ob der Präsident nun gesagt hat oder nicht: »Meine Herren, die Sitzung ist geschlossen!« Ich nehme den Zug halb sechs. Wie hinreißend, übers linke Ufer. Und was hat man nicht für Begegnungen in der Eisenbahn!
Ihr liebt doch auch das Unvorhergesehene, Anatol!
Um 7 Uhr diniere ich im Café d'Orsay oder bei Ledoyen, um 8 Uhr bin ich nicht mehr Deputierter, bin ich nicht mehr Baron und, wenn ich es will, nicht mehr Ziegenfurz, bin ich ein nobler Fremder, verloren mitten in Paris.

Anatol, dieser Brief ist ein politischer Brief, vor der Baronin und Sidonie verschlossen zu halten! Aber wenn Ihr je Deputierter werden solltet, denkt dran, Glück und Wahrheit liegen auf dem Mittelweg.
Tags in Versailles, nachts in Paris: das ist die einzige befriedigende Lösung der Frage Ravinel.

Han-Godtfrotz-Adalbert-Karolus-Adamastor
Baron von ZIEGENFURZ

für die Richtigkeit der Kopie:
JEAN MARCEL

P. S. — HUCH! Was les ich da schöne Sachen in der letzten Post! Wer hat denn mein Saint-Magloire derart revolutionär verhetzt! Von 287 Wählern haben 233 für die Auflösung der Kammer gestimmt! Anatol, ich werde meinen Urlaub einreichen!
Aber nebenbei, kann man sich da überhaupt noch hinwagen?

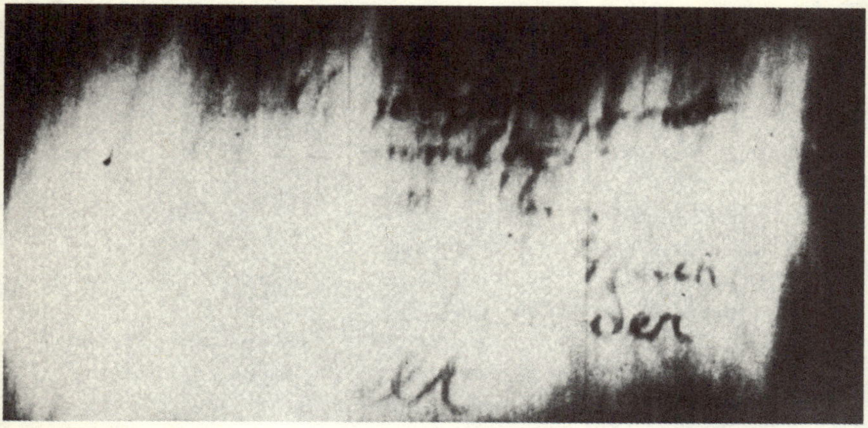

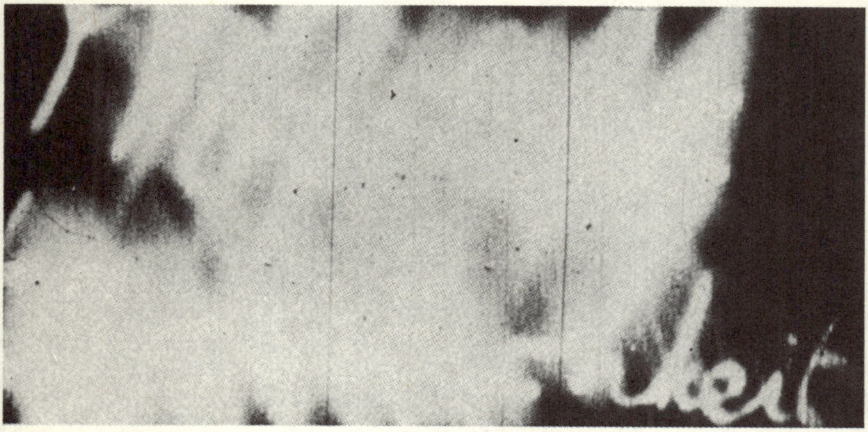
keit

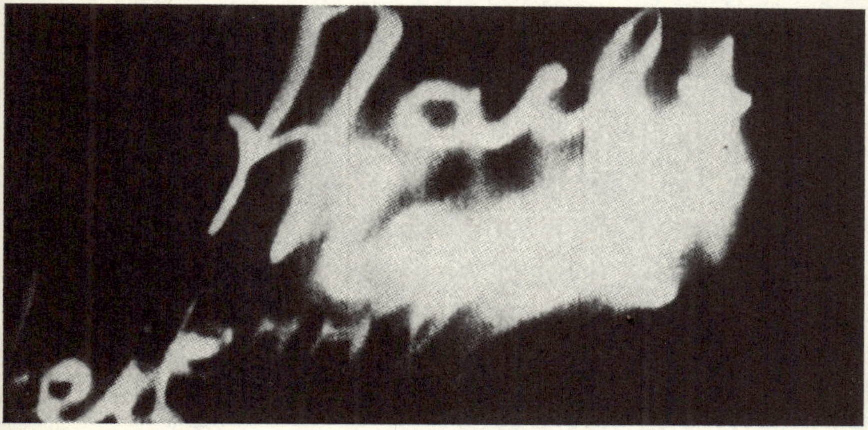

Rimbaud an Ernest Delahaye

Charleville, 14. Oktober 1875

Lieber Freund,

Hab Postcard & Brief von V. vor 1 Woche erhalten. Der Einfachheit halber sagte ich der Post, mir sein Postlagerndes zu schicken, so daß du hierhin schreiben kannst, wenn bei der Post noch nichts liegt.
Kein Kommentar zu den letzten Grobschlächtigkeiten des Loyola & im Moment hab ich rein gar keinen Bock, mich mit diesen Stories abzugeben, weil es ganz danach aussieht, als ob die zweite »Abteilung« des »Kontingents« des »Jahrgangs 74« den kommenden oder nächsten 3. November einberufen würde: die Wachstube: —

TRAUM

Auf der Stube hat man Hunger —
Wirklich wahr...
Emanationen, Explosionen. Ein Genie:
                »Ich bin der Schweizer Käs! —
Lefêbvre: »Keller!«
Das Genie: »Ich bin der Brie! —
Die Soldaten schneiden auf ihr Brot:
                »So ist das Leben!
Das Genie. — »Ich bin der Roquefort!
                — »S' wird uns' Tod sein!...
                — Ich bin der Schweizer Käs
                  Und der Brie!... etc.

WALZER

Man hat uns kombiniert, Lefêbvre & mich, etc.

Derartige Tiefschürfigkeiten dulden eigentlich nur Tiefschürfendes. Allerdings, bitt schön, je nach Lage, die hereinschneienden »Loyolas« postwendend retour.
Eine kleine Gefälligkeit: Kannst du mir kurz & bündig sagen, was das gegenwärtige »Abi« ausmacht, klassischer Zweig, Mathe, etc. — Du müßtest mir sagen, wie weit man es in jedem Fach gebracht haben muß: Mathe, Phys., Chem., etc.; ferner die präzisen Titel der Bücher (& die Art & Weise, ihrer habhaft zu werden), die man auf deiner Penne verwendet, z. b. für dieses »Abi«, es sei denn, das divergiert von Uni zu Uni: auf jeden Fall informiere dich bei kompetenten Lehrern & Schülern hinsichtlich der erwähnten Sachen. Wichtig sind mir vor allem exakte Angaben, denn es dreht sich ja darum, diese Bücher anzuschaffen. Militärdienst und »Abi«, weißt du, würden mir 2 oder 3 angenehme Lenze bescheren! Zum Teufel übrigens mit dieser »heidnischen Murkserei«! Nur sei so gut, mir so weit wie möglich zu verklickern, wie man das macht.
Hier nichtsiger als nichts.
Hoffentlich verschaffen dir die Arschgeigereien & Schleimscheißereien, patriotische Bohnen inklusive oder nicht, gerade soviel Distraktionen, wie du verkraften kannst. Zumindest stinkt das nicht nach Schnee wie hier.
Der Deine, »soweits meine schwachen Kräfte zulassen.«

Du schreibst an:

A. RIMBAUD
31, rue Saint-Barthélémy,
Charleville (Ardennen), das reicht.

p. s. — Mit der Korresp. unter »Verschluß« ists jetzt dahin gekommen, daß der »Némery« die Zeitungen des Loyola einem SCHUTZMANN anvertraut hat, um sie mir zu bringen!

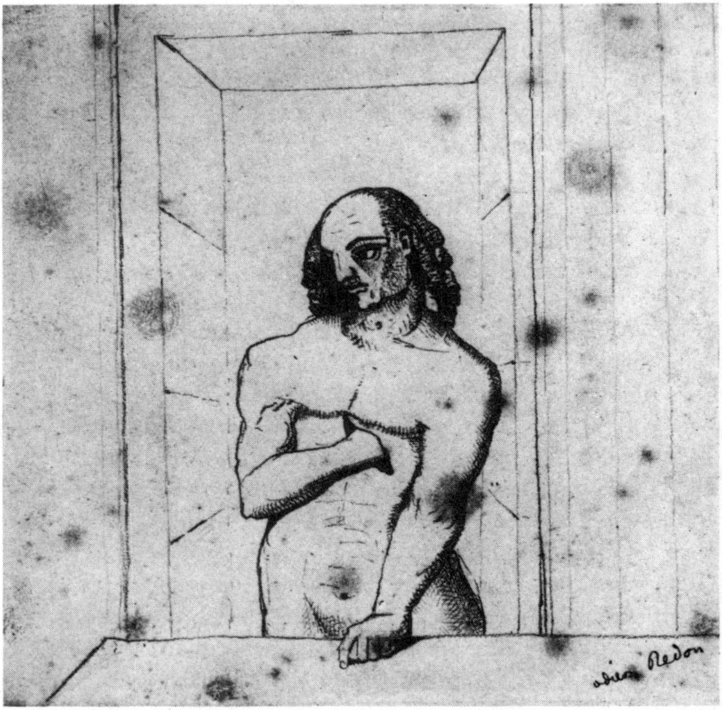
Redon

hans therre

poesie / revolte / sex —

zündsätzliches zu rimbauds poesie

Ich muß meine Anderen systematisch und magisch aus mir RAUS schreiben, und jeder satz ist entweder eine expulsion, abtreibung, austreibung eines dämons, eines befalls sozialer diskurse, denk-, fühl-, rede-, und handlungsweisen, aus=stoß, die den Anderen (:sozialkörper) auf die lange reise schickt, oder es ist ein conTAKT mit meinem anderen (:ungeborenen)körper, und dessen text gibt mir echo, resonanz auf meinen text, und mit jeder dieser re:sonanzen arbeite ich weiter, jeder klingende(gelingende) satz ist ein satz(:sprung), einen weiteren satz (:sprung) zu ent:decken, und mit jedem gefundenen (gehörten) satz wächst mein anderer körper, mein nur von mir be=schriebener, authentischer körper, d. h. ich selbst, und ich kann mir immer mehr sätze hin- und herschicken, daß schließlich so etwas wie ein körperstromhaftes ping=pong=spiel entsteht, wo klingende, sirrende, wutschende, zwitschernde WORT=BÄLLE zwischen zwei körpern hin- und her rasen: das wäre dann: mit sich selbst kommuni:zieren!

* * *

wenn ich vom schreibtisch und seinem künstlich erleuchteten sehradius, an und in dem ich sitze, um zu sagen, wie ich rimbaud wahrnehme, auf- und hinausblicke, ist draußen ein dunkel, daß ich mit den zähnen knirsche, eine nacht, die mir schläge versetzt, weil sich mein körper offen zeigt & einfälle unbekannter art ihn merkwürdig verschieben & verrücken — und

wenn auch draußen noch ein paar omnibusse kleine lichtwunden ins Dunkle schnitzen, sitze ich & wünsche mir geSCHLITZte augen, um diese nacht zu zerschneiden...

keine SEHER=augen sind diese geschlitzten augen, ich wünsche nichts zu sehen: das war damals, als ich noch einen körper hatte, der mit der einen, grenzenlosen und leuchtenden wunde des durstes geschlagen war, damals war sehen noch nicht unmöglich geworden...

nun, es ist nicht wahr, daß es keine schönheit gibt, schönheit des lebens, einzige körperschliere, schönheit, geboren aus dem brücken=sperma des wissens über den ab=gründen

und schluchten, magisches brücken=kabel, das kurz=schlüsse fabriziert...
& aus den schwarzen stromfeldern der bergwände, der triften, brunnenschächte & mauern, der steilwände & steilküsten, der klippenstürze, der risse in den schlachtfeldern und schlachtfesten der zeit, der blutige schweiß, der über die grünen wiesen mäandert, der lawinen & erdrutsche, der vulkanausbrüche und sturmfluten, der weltbrände, hungersnöte & seuchen, der bombentrichter, minenfelder —
und selbst zwischen dem feuer & der haut dessen, der verbrennt, gibt es noch diesen heillosen, leuchtenden zwischen : raum, die kluft der kräfte —
schönheit des lebens, magisches kabel...
was ich meine ist die liebe der haß die trauer der duft
der klang die violette kurve im dunkel der spott das
lachen das wissen
einer zärtlichen beWEGung der eingefallene augenblick...

* * *

aber meine geschlitzten augen (wenn ich sie hätte!) sehen nicht die schönheit des lebens, »ich verachte dich, schönes windrad, ich finde dich zum kotzen, ewig dich zierende und berechnende jungfrau, ich will dumm & böse sein, meine geschlitzten augen, ich brauche euch, um ungerecht zu sein, um weh zu tun, um mich zu rächen an diesen augen der VER-sprochenen rein:heit, des sternlichts und einer geblümten wiese in der sonne, meine geschlitzten augen, ich brauche euch, um den illuminierten SEHER AUS zu schauen, der sein erstes sternlicht empfängt —
MIST sein und Gestank konserviert durch alle zeiten schleifen und in allen zeiten nichts andres bewirken, als die vorzüglichen windrosengerüche der zeit zu verpesten...
affen meiner reinheit/ grimassen meines schmerzes/er=oberer/ sieger: meine DEVOTion, ziehe den hut und schädel vor euch« (»alles was ich habe«)...
kann ich mich noch mit wiesen abgeben?
gibt es nicht noch andre sonnen zu besingen?
war diese revolution auch meine:
geborgte wiesen sonnen revolutionen, es sind immer die surroundings des gehabten, was in den poesien erscheint, immer

waren es die schwarz=vor=regen=straßen, die würstchen=buden, zufällige ent=gleisungen in u/bahn/zügen, die abgetakelten wiesen/ die abgefickten sonnen/ die gekonnten du: sätze, (»sonnensperma & sphärenschnodder«), geronnene gefühle der umnächtigten angestrengten schwer=am=leben=liegenden, aufbau++++literatur für (»möchte gern!«) anarchisten, pflicht-§-lektüre für selbst=mörder, pläne für einbeinige bombenleger, ganz zu schweigen von den zahnärzten, huristen, professors, intentanten, schurnalisten, Kri=Tickern, die alles am laufen HALT!en...
na ja, die wüsten/ die schwarzen pflastersteine/ das
stocken eines gesichts/ die ungewollte liebkosung —
sind nicht schlecht,
ABER IST DAS ALLES EIN STURM?
gedichte schreiben, wo keine steine särge huren nächte wiesen kinder meere heere menschen herumspuken, gedichte, die nicht einmal sich selbst zu verhöhnen brauchen, oder diese willfährigen menschen oder wolken wiesen fluren huren gedanken schranken ...
(dieser jämmerliche schnee der sehn=sucht!)

* * *

(... daß damals, 1854, in einer verkrusteten nacht, ein KRAMPF sich löste, der vielleicht dimensional NEU hätte sein können, wenn keine KNAHS & RABUHLS schief dazu gelegen hätten & daß gerade hier die SCHÖNHEIT eine blüte geworfen hätte, wenn mir kein RUHLA ins hirn geritzt worden wäre & keine SIEHLE ins herz...)

* * *

»ich bin jetzt alt und hart geworden in all den zuwendungs- und zurichtungs=orgien, die ihr gezwungen wart, für mich zu veranstalten, sinnsuchende irrenärzte und herr=meneutiker, um aus mir eine schißmatische reliquie in einer mit zartrosa satin überzogenen schatulle zu machen,
so habe ich überlebt mit einem KUNST=gesicht, darunter ist die narbe, mit paste & leim überpinselt: aber die narbe setzt die differenz zwischen blut & fleisch, paste & leim, zwischen der leere & der fülle, zwischen der voll=gestellten leere & der gelee(h)rten fülle,

diese differenz wird nie verschwinden bis sie mit ihren kratern die welt ausleuchtet...«

wie sagen, daß es lebensnotwendiger ist, eine welt, unendlich und reich, zu erschaffen, die jenseits und diesseits aller welten ist,
wie sagen, daß raketen ausgeschickt werden müssen in die entferntesten galaxien, befrachtet mit ewigkeitskristallen, verzückten entwürfen und melodien, bildern, linien,
wie sagen, daß es lebensnotwendiger ist, gedichte auszuschmuggeln, die eines tages gewichtig genug sind, daß sie diese öde blödsinnsschrift der welt maßlos dezentrieren, zum kippen, stürzen, wirbeln bringen, eine andere anziehung schaffen, ein schwerefeld zur rettung unserer körper, die SCHÖNER als alles, die allen AUFSTAND rechtfertigen...

körper, die noch immer wie bewehrte PANZER gegen den FLUX funktionieren, soldaten (Soll=Daten!), tod für alles neu:gesehene in den augen,
wie den pflastersetzern den zeitlosen blick stecken,
wie den bergsteigern, die angstvoll im fels sich krallen,
die schönheit des freien falls erklären?

»so you think you can tell Heaven from Hell, blue skies from pain, can you tell a green field from a cold steel rail? a smile from a veil? Do you think you can tell?«
wir sind in diesen überflutenden ländern wie ein schnell gealtertes kind unter seinem ersten vollmond.

* * *

wörter sind die magischen kabel, strombrücken, die meinem fleisch als tentakeln wuchsen bis sie den anderen körper berührten, der mich mit entsetzen und entzücken, schreck und ekstase beschenkte, weil der augenblick des con=TAKTES zwischen dem grenzenlosen, unbeschriebenen körper und zwischen meinem scharf riechenden und damit auch stinkenden körper dem letzten ein BILD dieses körpers schoß — und von da an streckten sich die tentakeln, vormalige fummler, nach einer magischen formel, die als larve auf der eichel (frauen müssen eigene wörter finden!) aller tentakeln klebte und die sich schuf, als die eichel den anderen körper berührte —
und die jetzt endlich, aber mit einer erschreckenden klarheit, auskunft gibt über die ingredienzien, über art und zahl der subsTANZEN, die notwendig sind, dieses BILD, das nur im negativ vorliegt, zu be:lichten, zu ent:wickeln: konzentration der verstreuten fleisch-, knochen-, blut=tentakeln, KONZERTierte aktion meines abgeschmarrten körpers zur entwicklung eines bilds, das wie eine TÜR (oder wie ein SPALT) FUNKTioniert.
Immer sind daher meine wörter nichts als das geschockte bewußt=sein, die INTELLIGENZ meiner knochen, meines fleischs und bluts, kuriere und kundschaft, spur und spuren=leser, multipler gesang meiner verharrten und mit ihrer ARBEIT kommunizierenden ORGane.
Der „organlose Körper“ ist nicht der körper ohne organe, sondern der ENTORGANISIERTE körper scheißen wir auf menenius agrippa! Mich interessieren die sich entwickelnden, arbeitenden, sich vergoldenden organe im konzert, orgasmus, der jene magische formel auswirft, die auf allen tentakeln k=lebt.

diese magische formel sind nicht die wörter, ist nicht einmal ihr strom:flux, sie ist der GRUNDSTOFF der wör-

ter, der buchstaben & silben, über den jeder lebendige körper verfügt, in maßen, die sich nur den zu=fälligen delirien des kosmos verdanken, diese Formel ist das grad=messer der begegnungen, gezogen von der bewegung der tentakeln:
diese sind die wörter, silben und buchstaben, das fleisch jenes geistes, der seine eigene MATERIE GESICHTET HAT, für einen dunklen fleck lang:
DIESE WÖRTER SIND ILLUMINIERTES FLEISCH!

* * *

lachhaft zu sagen, rimbaud sei in afrika »reterritorialisiert« worden, »die marionette« habe »die oberhand gewonnen«, »ein jämmerlicher kaspar«, der »bei jeder gelegenheit mit dem gold an seinem gürtel klimpert« (und mit was haben SIE geklimpert, herr breton?).
wer mißt diese endlosen/zwielichtigen/erfolglosen streifzüge des afrikanischen rimbaud an der kunst=stoff=platte, die vor dem eigenen schädel befestigt ist? es gibt eine grenze, wo das SCHWEIGEN nicht mehr SPRECHEN kann, wo die mit=teilung stockt und zerbricht, um frei und sinnlos, ja: WIE AUFGEZOGEN auszulaufen! wer den spalt einmal gefunden hat, den grünen phosphor/spalt (watn'dat?), der die welten trennt, wer einmal die NAHT der welten entdeckt hat, und wer neugierig und mutig genug war, ihn zu passieren, wird nie mehr schreiben und rimbaud hat diesen spalt durchschritten ebenso wie gérard de nerval ihn durchschritten hat oder r. d. brinkmann, um nur einige zu nennen...
wer hat denn schon soviel verloren, daß er den rest seines lebens in unmöglichen landschaften herumhetzt, wer ist schon so verrückt?

> »doch nach eurOPA kann ich nicht zurück, aus VERSCHIEDENen gründen: zunächst würde ich im winter sterben; dann bin ich schon zu sehr an das UNSTETE & KOSTENLOSE leben gewöhnt, endlich habe ich keine an=stellung. ich muß also den rest meiner tage damit hinbringen, unter strapazen & mühen herumzuirren, mit der EINZIGEN AUS=SICHT, unter schmerzen zu sterben... HEIM=KEHREN [=re/territorialisieren!] hieße mich begraben...«

die poesie rimbauds in afrika, es liegt so nahe es zu sehen, das ist die fortwährende bewegung, die rastlose aktion, die erfahrung des reinen VERLUSTS!

seine letzten gedichte (feste des hungers, komödie des durstes, feste der geduld(!)) sind PRÄSENTATION (nicht: RE-) der gelungenen spaltung, schize: die »umrundung der welt« (kleist) ist beendet, man schüttelt sich die hände, die des anfangs und die des endes, man berührt SICH: das meer und die sonne...
was kam danach? die »Illuminations« sind gleichzeitig, parallele lichtlinien, ausleuchtungen der äußersten/innersten außen/innen=wände, texte eines OBJEKTIV gewordenen körpers jenseits aller ideologischen schreib=weisen. Visionen? Ja, inso=fern die einheit empirisch/physisch immer bloß bei=nahe möglich ist (oder täusche ich mich?): zwei kurven: die des kreatürlichen lebens und die des gespaltenen lebens, in sich selbst gespalten: doppelt: bildersuchend — diese beiden (oder sind es schon drei?) kurven berühren sich am ende bei=nahe, sie bilden einen spalt und dieser spalt ist der ORT DER VISIONEN, der ort der »Illuminations«.
davor lag: »premiers vers«, »eine zeit in der hölle«, »das trunkene schiff« — die ganze dynamik einer kurve!
ort der visionen: da, wo man spricht, als sei man schon gestorben, »out of time«, aber es wird noch gesprochen, mit dem impuls/ dem schmerz/ der lust des ausfließenden lebensstroms, des anfänglichen körpers der unschuld und vitalität, dirigiert und gelenkt jetzt von den über=blicken der vision:

»Ankömmling zu jeder zeit, der fort geht ins Über=All«
»Nichts mehr verloren: im Himmel und auf Erden. Das Leben.
— Das war es dann wohl?
— Und der Traum frischt auf.«

und in afrika? wer sich selbst einmal — und zwar mit objektiver subjektivität — sehr nahe kam, in einer einschreibung, furche aus visionen, kann endlich keine vision mehr be=schreiben, es sei denn, die letzte: den TOD:

»STILL!

Wenn uns das GROSSE SCHWITZEN kommt,
die Meere überschwappen,
die Erde innen glüht und brodelt,
wenn es unsern Planeten wegreißt
und der THERMIDOR heraufzieht:
das ist es, was uns erwartet...«

etwas anderes noch zu schaffen, wenn der/die/das ANDRE eingeholt ist, heißt: rückfall, rückschritt, RÜCKSCHRIFT: rimbaud entzog sich der rückschrift, um der lüge, dem »heim=gekehrten« körper zu ent=gehen, gab er schreiben und poesie auf: er war zu schnell, machte zu wenig umwege, war zu kurz=schlüssig, zu früh angekommen. schreiben ist tatsächlich ab einem bestimmten punkt, wenn eine bestimmte grenze überschritten und überschrieben ist, REAKTIONÄR.
aber nur mut, keine bange: es gibt viele, die brauchen länger & sind noch längst nicht am ende.

* * *

nein! rimbaud hat den spalt NICHT durchschritten, er ist eingezwängt drin hängen geblieben, da zappelte er erbärmlich, bis diese ratternde lebensmaschine ausgelaufen war. ist das scheitern! in Gottes Namen!

»... es ist tatsächlich so, daß ich, d. h. mein körper, zeit meines lebens immer auf der suche war nach anderen körpern, mit denen man frei und mehr als auf der höhe seiner zeit unbändige feste feiern könnte, aber meist entpuppten sich die körper als entleerte & ausgesaugte körper, wankende ideologie=zombies, deren einziges interesse darin besteht, einen übelriechenden duft von auslegung/wert/verharrung abzusondern: von verfälschten Visionen.
aber an dem tag — und dieser tag dürfte kommen — wo alle körper nur noch & ausnahmslos die gedoubelten säue dieser obersau sind, die sich GEIST/LOGOS/SINN/NOTDURFT; BRAUCH:BAR:KEIT etc. nennt, an dem tag also, wo der letzte lebendige körper ausgerottet sein wird, wird all diesen SAUgern furzartig ihre existenzgrundlage wegsacken und mit einem getöse, nein, mit einem widerwärtigen quieken wird der ganze schwachsinn verschwinden, d. h. die erde wird jäh von jener pest, von jenem haarsträubenden sinn, von jenem duften geschmatze, das sich MENSCH nennt, frei sein und wieder bewohnbar für lebendige.

* * *

es wird also davon ausgegangen, daß rimbaud auf der ebene der »écriture« das äußerste erreichte, was für einen menschen erreichbar ist.

wollte er seinen körper aus fleisch, blut und knochen mit dem körper der »écriture« synchronisieren, ver=einigen? steckte hinter dem manischen afrikanischen rimbaud der wunsch, den alten körper mit-, nach-, hinüberzuziehen in das objektive feld der »écriture«?
man müßte sich vielleicht langsam mit dem gedanken anfreunden, daß körper, RICHTIGE körper (zum anfassen! nichts astraliges!) über eine RICHTIGE grenze geschmuggelt werden können, wo ein vollkommen anderes, fremdes leben gedeiht: raum der »écriture«, der rimbaudschen vor allem, ist ein EWIGER JAGDGRUND eines objektiv gewordenen körpers, frei von allen fesseln der singularität/dualität/sentimentalität.
rimbauds faszination: daß er immer noch DA ist, körperlich, zum lieben (man frage patti smith!), zum kommunizieren, grenzkörper, brücke, tür oder spalt:

»Wie können wir in dieser Winternacht,
taumelnd von Kap zu Kap,
vom wimmelnden Pol zum Schloß,
von der Stadt zum Meeresstrand, von Blick zu Blick,
matt und ohne Gefühl,
wie können wir ihm da begegnen, ihn spüren und wieder loslassen —
Wie seine Gesichte, sein Atmen, seinen Körper, sein Leben

WAHR MACHEN

auf dem Bett des Meeres
wie auf dem eisigen Dach der Welt?«

* * *

alles, was wir mit rimbaud über=nahmen, die heraustREIBUNGEN, überTREIBungen, ab=risse, ab/sprengungen, all das sieht nur dem SANIERTEN auge rüde, heillos aus. wir sind die letzten, die uns auf rüdes was ein=bilden. wir haben bloß etwas abgekriegt, wir haben in den krümmungen, kurven, schleifen, schwingungen, barrikaden, blockADEN, haken, speeren, lanzen der wörter, buchstaben und silben die ent=SPRECHENDEN AUGEN entdeckt (zu den w=örtern, zauberstäben, silbern), augen, die sowas wie teleskope in die allerletzten und allerersten driften des weltalls sind, und wir sind mit diesen wörtern, buchstaben und silben wie mit sonden in die tiefsten schründe unserer körper eingedrungen, und wie mit torpedos und raketen ins peripherste abgeblitzt. denkt mal! das sind keine ein=bildungen! wir haben mit den joints der buchstaben einen trip ins über=sinnliche gemacht, und wir haben dabei erfahren, daß man für diese obskuren gefilde keine konklusionen, keine namensschilder braucht, weil sie gar nicht so weit weg, sondern nahe=liegend, lachhaft nahe, und daß z. b. einige buchstaben ein satanisches lachen quasi aus uns herausgebürstet haben, während andere uns ent=setzen injizierten, daß wir noch ganz fassungs/los da stehen und nicht wissen wohin —

daß man bloß die augen der wörter, buchstaben und silben als fernrohre, fahrstühle, mikroskope, schleudersitze etc. zu nutzen braucht (mit etwas courage), damit dieser ganze reduzierte KAPPES, auf den sie hier alle so versessen sind, ein für alle mal VERGESSEN werden kann,

all das dumme, opportunistische geschwätz, das nach dem niedergang der objektiven revolte in deutschland verzapft wurde: »ja, es gibt übersinnliche phänomene, ja, es ist nicht von der hand zu weisen, daß es außerirdische..., ja, die magie, der schamanismus, die mexikanischen zauberer, die telepathie, die selbstheilung der hypnose, die urschreie und selbstdar=stellungen, die transzendentale berührung und abhebung, der mediale charakter der hysterie, die mythen, die naturen, die frauen, die hirngespinste der männer...«

auf den billigsten, verkommensten zauber, auf den letzten, stinkenden idiotenwind seid ihr abgefahren, aber nicht ein einziges mal auf die POESIE, weil die poesie nichts mit faulen säcken, söhnchen und töchterchen aus gutem haus und kristlich beschädigten huhmanisten anfangen kann, »alles an seinen plat(t)z, nur ja nichts verrücken!«

ja, und die verrücktheit habt ihr mit wahnsinn verwechselt!

poesie, und speziell die rimbauds, bedeutet eine maßlose anstrengung, eine harte knochen- und blutarbeit, heißt nicht dem irrtum unterworfen zu sein, nur mit dem verstand verstehen zu wollen, und da muß man schon ein klein bißchen richtig verzweifelt sein, OUT, nicht mehr in irgendeinem FETT drin schwimmen, um sich da ran zu machen, denn der ertrag läßt sich nicht in die münze des intersubjektiven GESCHWÄTZES umwechseln, ja, unsere arbeit ist für die stillen, die zähen...

die verkettungen, verkleisterungen, verharschungen schreiten voran, das denken ist vakant, die frauen werden schwangerer, die axiomatiken rüsten auf.

»Sei auf der Hut hier, oh du mein abwesendes Leben!«

Herbst 1979

Erläuterungen zu den Gedichten

Seite 11—22

Spürung, Sonne & Fleisch: Enthalten im Brief an Banville, vom 24. Mai 1870.

Seite 23

Der Waisen Neujahrs=Präsente: Rimbauds erstes Gedicht, stark an Victor Hugo orientiert; am 26. Dez. 1869 veröffentlicht in der »Revue pour tous«.

Seite 38

Der Schmied: Wir versuchten der Biederkeit dieses Gedichtes durch ein paar Akzentuierungen zu entgehen: leichter Zug ins »grand guignol«: Schmied wie König, beide gleichermaßen unsäglich: lachhafte Puppen — wir glauben, der »Zeitsprung« erlaubt diesen ironischen Dreh.

Seite 53

Aus dem Häuschen: Hier wurden Manuskript=Varianten herangezogen, die von A. Adam nicht bevorzugt wurden; vgl. vor allem die 9. Str., wo es bei Adam lediglich heißt: »Les pauvres petits pleins de givre!« uns jedoch das »Jésus«, das ein anderes Manuskript noch einfügt, dieses Szenario als Ausgeburt kristlicher Armseligkeit zu verdeutlichen scheint.

Seite 58—70

Dem Winter zugeträumt, Der Schläfer vom Tal, Zur Grünen Schenke, Die Schlawinerin, Der umwerfende Sieg von Saarbrücken, Das Büfett, Meine Pohème: Gedichte, entstanden während eines Ausrisses des sechzehnjährigen Rimbaud vom Elternhaus; wochenlang stromerte er zu Fuß oder per Eisenbahn durch Frankreich und Belgien, bis die unerbittliche Stimme der »Mother« ihn zurückbefahl.

Seite 60

Cäsaren=Koller: Hier ist Napoleon III. angesprochen, der nach der Niederlage von Sedan Gefangener der Deutschen in Kassel=Wilhelmshöhe war.

Seite 90

Pariser Kriegsgesang: Bezieht sich auf die Ereignisse während der Commune von Paris April/Mai 1871, als die Versailler Truppen das revolutionäre Paris beschossen. Rimbauds Sympathie galt den Aufständischen, denen er sich eine Zeit lang angeschlossen haben soll.

Zum Text: Thiers und Picard sind die Anführer der Versailler. Sèvres, Meudon, Asnières, Bagneux waren Vororte, die von den Versaillern mit Artillerie beschossen wurden.
»Nacktärsche«, petzt Fauvre seinen Tränenkanal »sind Anspielungen auf zeitgenössische Karikaturen«.
»Krautjunker«: als solcher wird sich Baron ZIEGENFURZ noch profilieren.

Seite 92
Das Herz des Hanswurst: Dieses Gedicht scheint auf Rimbauds Erfahrungen mit rüden Söldnern der Nationalgarde zu basieren, die vielleicht sogar der Anlaß waren, daß Rimbaud nach Charleville zurückeilte und den Höhepunkt der Commune verpaßte. Seitdem erging sich R. in Obszönitäten in den Cafês seiner Heimatstadt, um die Gäste wegzuschrecken.

Seite 93
Hände von Jeanne Marie: Es soll sich hier um Louise Michel, eine der revolutionären Führerinnen der Commune handeln, die Rimbaud gekannt haben soll.
Uns interessiert weniger der biographische Fakt als das nie faßbare Oszillieren, mit dem dieses Idol zur Sprache kommt.

Seite 97
Pariser Orgie: Niederlage der Commune und Rückkehr der evakuierten Pariser.

Seite 103
Karma Schwestern: Eines der mysteriösesten Gedichte Rimbauds; wir haben hier eine kleine Ent=Christianisierung vorgenommen (»caritas« zu »Karma«), um mehr den Schicksalsaspekt hervorzuheben.

Seite 107
Selbst=Laute: Dieses Gedicht war Anlaß endloser Spekulationen über den möglichen Zusammenhang von Buchstabe und Farbe. Rimbaud hat sich hier strikt an ein Schema des alchimistischen Prozesses gehalten, in der Reihung der Farben und in der Verbindung mit Buchstaben (vgl. Enid Starkie: Das trunkene Schiff, Hamburg 1963).
A. Adam sieht eher die Verbindung zwischen dem Buchstaben und dessen Form als zu dessen Laut (z. B. »A«: Dreiecksform von Fliegen, Lustbehaarung der Frau).

Seite 109
Der Auf=Rechte: Gedicht, das nach hundert Jahren keine Silbe seiner Aktualität verloren hat: eine Neuformulierung seiner

Problematik erkennen wir in R. D. Brinkmanns Buch »Rom, Blicke«: vgl. die Debatte Brinkmann — Piwitt, S. 259—279.

Seite 112

Was dem Dichter zu sagen ist...: Enthalten im Brief an Banville. Verhohnepiepelung der zeitgenössischen Wald- und Wiesen=Dichter, die sich alljährlich bei den »jeux floraux« zum munteren Dichterwettkampf tummelten (unter dem Symbol der royalistischen Lilie).

Entgegen anderer Interpretationen scheint uns Banville auch nicht ungeschoren davonzukommen. Was Rimbaud dieser Pseudo=Romantik an Fortschritts-Optimismus entgegenzuhalten hat, scheint uns heute wieder überholt. Allerdings ist — schwer faßbar — auch hier ein untergründiger Zynismus spürbar, der durch Übertreibung seine eigene Alternative verarscht.

Seite 127

Das trunkene Schiff: Geschrieben kurz vor der Abreise nach Paris, zu dem ersten Treffen mit Verlaine.

Rimbaud verarbeitet hier collageartig seine gesamte Abenteuer=Lektüre (Jules Verne, E. A. Poe's Maelstrom, Artikel und Illustrationen des »Magasine pittoresque«), ohne je das Meer gesehen zu haben. Man spricht von einer totalen Überschätzung dieses Gedichts; wir glauben, daß Rimbaud hier den ersten großen Versuch unternommen hat, in bisher unbekannte Bereiche des Phantastischen und Surrealen vorzustoßen; unsere Übersetzung versucht, den noch immer modernen Kern des Gedichts herauszuschälen.

Seite 137

Was macht uns das mein Herz...: Mit eruptiver Leidenschaft artikuliert sich hier Rimbauds Enttäuschung angesichts der Niederlage der Pariser Commune und sein Haß auf den Sieg der Reaktion; Rimbauds extremer Anarchismus verlagert sich von jetzt an immer stärker ins Innere, wendet sich von der politischen Revolution ab und der poetischen Schreibung des eigenen Körpers zu.

Seite 143 ff

Komödie des Durstes: Durst, Begehren des Körpers, Brennen der Organe; durchläuft die sozialen Territorien, die Befriedigung versprechen, durchschaut und stößt sie der Reihe nach ab, um, BeFRIEDigung als unmöglich erkannt, die Sehnsucht, den Traum eines »organlosen Körpers« (Artaud) anzudeuten.

Seite 149 ff
Feste der Geduld: Diese vier Gedichte zeigen Rimbauds Poesie im Reinzustand: wahrhaft magische Texte, alchimistisches Ergebnis eines sich »vergoldenden« Körpers (Age d'or); vgl. hierzu Rainer Schmidts Kommentar, S. 197 ff.

Seite 160
B=Rüssel: Gedicht, das Rimbauds Umgang mit »Realität« erkennen läßt: die entideologisierte Wahr=nehmung zerfetzt die »Realität«, baut aus ihren Splittern die Vision einer Gegen=Realität, liefert Bilder einer nicht platt faktischen und positivistischen, sondern ILLUMINIERTEN Geschichte. ebenso: »MICHEL & CHRISTINE«, »ENTSINNUNG« (dieses letzte Gedicht erscheint uns als eine vollkommen asoziale, visionäre Geschichte der Kindheit).

Seite 204
Anhang: Fliegen: Exzerpte Rimbauds, in seinem Schulheft aufgefunden, auf der Rückseite des hier veröffentlichten »Traum eines Schülers«.
Die Fliegen erscheinen hier als das Medium der allchimistisch=poetischen Wandlung.

Seite 209
Schulprosa: aus einem Schreibheft des 10jährigen Rimbaud.

Seite 213
Charles d'Orléans an ...: Textcollage aus Gedichten François Villons; Arbeit des 16jährigen Rimbaud für seinen Lehrer Izambaurd.

Seite 217
Ein Herz unter einer Soutane: Abrechnung des 16jährigen Schülers mit seiner katholischen und humanistischen Erziehung; Verhöhnung des Klerus, des Spießbürgertums, der romantischen Liebe und Poesie, der Religion; Selbstverspottung, »Austreibung« einsozialisierter Illusionen.

Seite 235
Stupra: Vermutlich unter Mitarbeit Verlaines entstanden. Der dritte Teil wurde als »Sonett vom Arschloch« ins »Album zutique« aufgenommen.

Seite 239 ff
Album Zutique: »Organ« eines Herrenzirkel, der »Vilains Bonhommes«, dem Rimbaud und Verlaine 1871 ein paar Verse parodistischen Couleur beisteuerten.

Alle Gedichte des »Album Zutique« sind situative Aperçus, ironische, zynische, spöttische, karikierende Kommentare zu Tagesereignissen, Dichtern, Künstlern, Journalisten, die Rimbaud gekannt hat. Diese kleinen Gedichte im Einzelnen zu erläutern, überlassen wir den Textkritikern und Literaturhistorikern; wir hoffen auf die Assoziationen und Phantasien eines aufmerksamen Lesers.
Dennoch sind einige Erläuterungen notwendig:
Zu: »Made in Germany«: es dürfte auffallen, daß dieses Gedicht nicht von Rimbaud sein kann; es handelt sich hier um den Versuch einer Übertragung eines Gedichts, das in seiner historisch-geographischen Eingebundenheit dem heutigen deutschen Leser wenig sagt. Wir geben hier das Original dem Leser zum Vergleich:

PARIS
Al. Godillot, Gambier,
Galopeau, Wolf-Pleyel,
— O Robinets! — Menier,
— O Christs! — Leperdriel!
Kinck, Jacob, Bonbonnel!
Veuillot, Tropmann, Augier!
Gill, Mendès, Manuel,
Guido Gonin! — Panier
Des Grâces! L'Hérissé!
Cirages onctueux!
Pains vieux, spiritueux!
Aveugles! — puis, qui sait? —
Sergents de ville, Enghiens
Chez soi! — Soyons chrétiens!

A. R.

Wenn Rimbaud seine Gedichte im »Album Zutique« mit anderen Namen unterzeichnet, so sind das einmal Namen zeitgenössischer Dichter, die er karikiert (Paul Verlaine, François Coppée), oder es handelt sich um freierfundene Pseudonyme mit ebenfalls ironischer oder spöttischer Absicht (Louis Ratisbonne, Louis-Xavier de Ricard, Armand Silvestre). Unsere Übersetzung hat auch hier versucht, deutsche Entsprechungen zu finden.
Zu: »Verlorenes Gift«: es ist nicht sicher, daß dieses Gedicht von Rimbaud selbst stammt, obwohl es in seiner Handschrift aufgefunden wurde: vermutlich stammt es von seinem Freund Germain Nouveau; es besteht allerdings auch die Möglichkeit, daß Rimbaud hier seinen Freund karikiert hat.

Seite 266 ff

Brief des Baron Ziegenfurz: Am 16. September 1871 im »Nord-Est« veröffentlicht, der republikanischen Zeitung von Charleville, unter dem Namen Jean Marcel.

Rimbauds Urheberschaft ist nicht gänzlich sicher. (Er hat unter dem Decknamen Jean Baudry im vorangegangenen Winter bereits mit dem »Progrès des Ardennes« korrespondiert.)

Für Rimbauds Feder spricht der zynisch karikierende Tonfall, die Bissigkeit und auch das Engagement für die Commune. Dagegen: die detaillierte Kenntnis der Vorgänge in Paris, die Rimbaud in Charleville höchstens aus zweiter Hand hätte erhalten können.

Zum Text: Am 30. August verwandelte sich die in Versailles tagende Assemblé (Kammer) per Abstimmung selbst in ein Verfassungsgebendes Organ. Thiers wird tags darauf zum Präsidenten der Republik gewählt, ein Werkzeug der Rechten, der die Republikaner auszutricksen versucht.

Cavalier, genannt Pipe-en-Bois, wurde durch ein Kriegsgericht im Namen der Kammer wegen seiner Beteiligung an der Commune (er war etwas wie Verkehrsdezernent) zur Verbannung verurteilt; er konnte fliehen und soll Verlaine und Rimbaud 1872 in Brüssel getroffen haben.

Gambetta: Führer der Republikaner, der den Krieg mit Preußen zum Äußersten fortsetzen wollte.

Eingabe Ravinel: Vorschlag, die Ministerien von Paris nach Versailles zu verlegen, wurde abgewiesen.

Seite 272

Brief Rimbauds an Delahaye: Dieser Brief Rimbauds an seinen Freund Delahaye enthält das letzte Gedicht von ihm; nach diesem Brief hat sich Rimbaud jeder Poesie enthalten; er hat danach nur noch Briefe geschrieben, obwohl es Spekulationen und Behauptungen gibt, Rimbaud habe in Afrika ein umfangreiches poetisches Werk geschaffen, das allerdings verloren gegangen wäre. Wir glauben nicht daran.

Mit »Loyola« ist Paul Verlaine gemeint, der während seines zweijährigen Gefängnisaufenthalts wegen seines Schusses auf Rimbaud sich zum »Glauben« bekehrt hatte (was aber nicht lange hielt).

Bilderklärungen

Inhaltsverzeichnis

Die beiden Herausgeber in bukolischer Haltung

Georges Bataille

Die psychologische Struktur des Faschismus

Die Souveränität

Herausgegeben von Elisabeth Lenk. Nachwort Rita Bischof

Durch Macht ist Souveränität nicht mehr zu erwerben. Erst in der Einsamkeit, wie die Kontemplation in der Kunst sie erschließt, aber strenger noch, erst wenn man in einem Gefühl des Verlorenseins auf die Einfachheit des Unvermeidlichen zurückgeworfen ist, tritt ein äußerster Wert hervor, ähnlich der Schönheit, die in dem Augenblick, da der Tod droht, das vergängliche Leben noch einmal umgibt. Es geht weniger um Werke, in denen diese Schönheit Gestalt annehmen könnte; vielmehr geht es um eine Kraft, die besitzen muß, wer von ihr nicht einen Augenblick getrennt sein möchte. Und weiter: vorausgesetzt, daß die Wenigen, die das angeht, das Bewußtsein dieser Kraft haben, werden Chaos und Dissonanzen, vom Ausmaß einer Welt, nicht aufhören, den Durst zu löschen, an dem die Menschheit ewig leiden wird. (Georges Bataille)

Laure Schriften

Herausgegeben und übersetzt von Bernd Mattheus

Gestorben im Alter von 35 Jahren an Tbc, ließ Laure, die Lebensgefährtin von Georges Bataille, skandalumwitterte Texte zurück, die lange unveröffentlicht blieben.

Als alles zu Ende war, befand ich mich vor ihren Papieren und ich konnte jene Seiten lesen, die ich während ihrer Agonie bemerkt hatte. Die Lektüre all ihrer Schriften, die mir völlig unbekannt waren, rief zweifellos eine der heftigsten Emotionen meines Lebens hervor, doch nichts konnte mich mehr treffen und erschüttern als ein den Text abschließender Satz, wo sie vom Heiligen spricht. Ich hatte ihr gegenüber niemals diese paradoxe Idee zum Ausdruck bringen können: daß das Heilige *Kommunikation* ist. (...) Am Schluß von Laures Text gelang es mir mühsam, diese paar hingekritzelten Sätze zu entziffern: »Das poetische Werk ist heilig, insofern es Schöpfung eines topischen Ereignisses ist, ›Kommunikation‹ empfunden wie *die Nacktheit*. – Es ist Vergewaltigung seiner selbst, Entblößung, Kommunikation mit anderen über das, was Lebensgrund ist; jedoch, dieser Lebensgrund ›verschiebt sich‹.«

(Georges Bataille)

Eine Person, von der jene, die in enger Verbindung mit ihr standen, genau wissen, wie unantastbar ihr Anspruch in seiner Höhe und wie heftig ihre Rebellion gegen jene Normen war, denen die meisten beipflichten. (Michel Leiris)

Als ich Laures Schriften das erste Mal las, glitt ich in einem Fieber und mit einem Furor von Seite zu Seite. (Marie Cardinal)